Las siete maravillas del mundo

Victor Hugo

www.archivosvola.es

rescatando el acervo

Les Sept merveilles du monde

Poemas recogidos en *La Légende des siècles*, Calman-Lévy, París 1877.
Versión en prosa de Jacinto Labaila, publicada en Victor Hugo, *Obras
Completas*, Tomo VI, Terraza, Aliena y Compañía, editores, Valencia 1888

ISBN: 978-84-129819-1-9
Depósito legal: M-7017-2025

Índice

* Ésta presentación general y las que introducen cada poema de Victor Hugo están sacadas de Federico Lara Peinado: *Las siete maravillas*, Cuadernos Historia 16, Madrid 1985.

Presentación*

Una serie de obras maestras de la Antigüedad, caracterizadas por su grandiosidad, magnificencia, belleza, dificultades técnicas y esfuerzo humano fueron consideradas por algunos estudiosos greco-latinos como maravillas del mundo.

Fue probablemente Antipater de Sidón, que vivió a comienzos del siglo II a. C., quien dejó fijado en siete el número de las cosas dignas de ser admiradas (*mirabilia*), siguiendo el que había establecido poco antes Filón de Bizancio en un breve e incompleto tratado intitulado *Péritón hepta théamaton*. Sin embargo, al parecer, tampoco fue éste el primero en compilar las maravillas, sino el historiador, ingeniero y arquitecto Aristóbulos, quien, a finales del siglo IV a. C. y en su deseo de gloriar a Alejandro Magno, llegaría a delimitar geográficamente el Imperio del macedonio fijando como hitos los más excepcionales monumentos y obras de arte del mundo entonces conocido. Hitos que luego se atribuirían, en su selección, a Calimaco, el más grande poeta alejandrino.

En cuanto al hecho de que su número sea el de siete, no obedece al azar, sino al carácter mágico que desde tiempos babilónicos el hombre dio a tal cifra. Realmente maravillosa en la escala decimal, al ser sólo divisible por sí misma y por la unidad. Característica que aunque comparte también con el 2,3 y

5, no la iguala con ellos, pues éstos pueden obtenerse por división de otros números, cosa que no ocurre con el siete. Este número está por sí mismo, no engendra nada en la escala decimal ni es engendrado. Es por ello una cifra mágica, si se quiere, virginal.

A este componente mágico debe sumarse el ámbito mítico y utópico en el que muy pronto se insertaron las maravillas, proporcionando así al hombre con su enumeración la idea de algo superior, algo, en definitiva, de lo que su propia capacidad creadora podía hacer.

Aunque listados que se difundieron posteriormente, tanto en época latina como en los períodos renacentista y barroco, eliminaron algunas maravillas canónicas o añadieron una octava más –Coliseo de Roma, Santa Sofía de Constantinopla, la Gran Muralla china–, la historia ha reconocido como oficiales exclusivamente las que presentamos a continuación. De ellas se encuentran desaparecidas todas, excepto las pirámides de Egipto.

La desaparición de seis de las siete maravillas favoreció la fantasía de no pocos artistas; así, por ejemplo, del grabador holandés Martin van Heemskerck (1498-1574), que se hizo famoso por sus imaginarias reconstrucciones de las Siete Maravillas, muy divulgadas en estampas y que reproducimos aquí, o, también del poeta y novelista francés Victor Hugo (1802-1885) que a las Maravillas dedicó los poemas que siguen.

VICTOR HUGO
(Besanzón, 1802 - París, 1885)
retratado por Étienne Carjat en 1876

MAARTEN VAN HEEMSKERCK
(Heemskerk, 1498 - Haarlem, 1574)
Autorretrato ante el Coliseo, 1553

LAS SIETE MARAVILLAS DEL MUNDO

Victor Hugo

Hablaban varias voces; ¿dónde? En el espacio sin límites, en el silencio de las soledades, en el desierto, en ninguna parte, en las llanuras que se pierden de vista, donde no se oía caminar a ninguna multitud produciendo inmenso rumor, pero donde se conocía que el hombre estaba escuchando. ¿Quién hablaba, pues? Hablaban los monumentos que se conservaban en pie entre el oleaje humano, tranquilos como los arrecifes, y cada uno de ellos parecía un personaje viviente que presentaba su propio testimonio. Ningún rumor se atrevía a confundirse con aquellas voces; el viento callaba para dejarlas hablar, y las olas disminuían sus murmullos. Vago sol en lontananza doraba sus frontones pálidos. Las estrellas empezaban a dejarse entrever en el crepúsculo sombrío de la tarde.

12

Junto a las costas orientales del mar Egeo, y en el valle del Caistro, se levantaba un pequeño enclave sobre el que hacia el 1044 a. C. el jonio Androclos fundaría Efeso, en la actualidad Cüyük Menderes. Esta importante ciudad, que compitió luego en grandeza y prestigio con la propia Alejandría y con Antioquía, pasó hacia el 560 a. C. a poder de los lidios, cayendo en el 494 bajo el de los persas. En el 334 a. C., Alejandro Magno la hizo suya y en el 133 antes de nuestra era, englobada en el reino de Pérgamo pasó a dominio romano.

De las ruinas de Efeso, ciudad que conoció varias ampliaciones y no pocas restauraciones urbanas, destacan -a pesar de los escasísimos restos conservados- las del Artemision, famosísimo templo que por su magnificencia y perfección arquitectónica pasó a ser considerado muy pronto como una de las maravillas del mundo antiguo, verdadera casa de los dioses, *Olimpo más que templo*, en palabras de Filón de Bizancio.

En toda Anatolia, y desde los tiempos más antiguos, se tributó culto a una diosa-madre, titular de la fertilidad, especie de Señora de los animales, siendo Efeso uno de los principales lugares en los que recibió veneración. Los efesios, que por influencia griega identificaron a aquella diosa indígena con Artemisa (los romanos lo harían más tarde con Diana), decidieron levantar en su honor un extraordinario templo para impetrar en él protección y todo tipo de favores.

Artemisa fue, según la mitología, hija de Leto y de Zeus, y hermana gemela de Apolo. Nacida en Delos, fue una diosa

13

contradictoria, que permaneció siempre joven y virgen, complaciéndose únicamente en la caza. Al igual que Apolo, iba armada con arco y flechas de las que se servía para sus cacerías e incluso para atacar a héroes y seres humanos. Se dice que combatió contra los gigantes ayudada por Hércules, venciendo a su campeón Gratión. Asimismo, también llegaría a dar muerte, entre otros, a los dos Alóadas, al monstruo Búfago, el devorador de bueyes, y al cazador Orion. No dudaría, además, en convertir a Acteón en ciervo para lograr que su propia jauría lo despedazase.

Además de otros hechos míticos -exterminio de los Nióbidas, episodio de Ifigenia-, se la hizo protectora de las Amazonas, todas ellas guerreras y cazadoras, así como personificación de la Luna.

El culto que Artemisa recibió en Efeso fue en cuanto diosa de la fertilidad o diosa nutricia. A tal efecto -y en reconocimiento a las ayudas recibidas de la diosa- se labró una estatua de oro -¿o un aerolito?- de 5 metros de altura, representándosela de pie, sobre un carro tirado por dos enormes serpientes. Se la figuró como una mujer con numerosos pechos, cabeza tocada con un modio cilíndrico y un gran halo con adornos. El resto del cuerpo, totalmente enfundado en una larga y apretada túnica, poseía abundantes elementos decorativos distribuidos en seis secciones circulares, que representaban ciervos, toros, leones, grifos, esfinges, sirenas e incluso abejas.

Este primer Artemision tuvo un triste final, que conocemos por el geógrafo Estrabón. Según este autor, en Efeso vivía un tal Erostratos que deseaba inmortalizar su nombre. Dado que no tenía ninguna cualidad especial -aparte de su demencia- con la que pasar a la historia, decidió destruir el templo, ya famosísimo en todo el ámbito griego. Consideraba que el hecho generaría, sin duda alguna, la celebridad de su persona. Y así, en la noche del 21 de julio del año 356 a. C. -la misma del nacimiento de Alejandro Magno- tan desequilibrado individuo, pastor de profesión, procedió a su incendio.

Ante la pérdida del primer templo de Artemisa, los efesios procedieron a la edificación de otro nuevo. Era de parecidas proporciones, si bien mucho más airoso, al elevarse el estilóbato, y de plataforma un poco mayor (131 metros por 78,5 metros). Sus 127 columnas, dotadas de exquisitos capiteles jónicos, alcanzaban los 20 metros de altura; de ellas 36 presentaban tambores inferiores decorados con figuras a tamaño natural, con escenas de los Doce trabajos de Hércules. La *cella* de la diosa ocupaba el centro del edificio, hallándose flanqueada por dos pórticos con columnas.

La construcción del mismo duró unos 120 años, y en ella trabajaron artistas de primerísima categoría, entre ellos el arquitecto Dinócrates, el pintor Apeles y el escultor Escopas, que decoró al menos una de las columnas.

El segundo Artemision conoció idéntico final que el primero. Los godos, en el año 262, al apoderarse de la ciudad, saquearon sus principales monumentos, entre ellos el templo de Artemisa, al que prendieron fuego. A esta destrucción siguieron algunas reconstrucciones parciales, que le permitieron seguir en servicio hasta el año 381 de nuestra era, momento en que fue abandonado.

Desde su destrucción en el año 262, y su abandono en el 381 por disposición del emperador Teodosio el Grande, se perdió la memoria de tal templo.

I.

Et l'une de ces voix, c'était la voix d'un temple, disait :

- Admirez-moi ! Qui que tu sois, contemple ;
Qui que tu sois, regarde et médite, et reçois
À genoux mon rayon sacré, qui que tu sois ;
Car l'idéal est fait d'une étoile, et rayonne ;
Et je suis l'idéal. Troie, Argos, Sicyone,
Ne sont rien près d'Éphèse, et l'envieront toujours,
Ô peuple, Éphèse ayant mon ombre sur ses tours.
Éphèse heureuse dit : " Si j'étais Delphe ou Thèbe,
" On verrait flamboyer sur mes dômes l'Érèbe,
" Mes oracles feraient les hommes soucieux ;
" Si j'étais Cos, j'irais forgeant les durs essieux ;
" Si j'étais Tentyris, sombre ville du rêve,
" Mes pâtres, fronts sacrés en qui le ciel se lève,
" Regarderaient, à l'heure où naît le jour riant,
" Les constellations, penchant sur l'Orient,
" Verser dans l'infini leurs chariots pleins d'astres ;
" Si j'étais Bactria, j'aurais des Zoroastres ;
" Si j'étais Olympie en Élide, mes jeux
" Montreraient une palme aux lutteurs courageux,
" Les devins combattraient chez moi les astronomes,
" Et mes courses, rendant les dieux jaloux des hommes,
" Essouffleraient le vent à suivre Corœbus ; -
" Mais à quoi bon chercher tant d'inutiles buts,
" Ayant, que l'aube éclate ou que le soir décline,
" Ce temple ionien debout sur ma colline,
" Et pouvant faire dire à la terre : c'est beau ! "

I . El templo de Éfeso.

La primera voz que habló era la de un templo, que dijo:

"¡Admírame! Quien quiera que tú seas, mírame, contémplame y medita; recibe de rodillas mis sagrados rayos, porque el ideal se convirtió en estrella, y yo soy el ideal. Troya, Argos y Sicyona, nada valen comparados con Éfeso y siempre le envidiarán. El pueblo de Éfeso, sobre el que proyecto la sombra de mis torres, se cree feliz y exclama: "Si yo fuese Delfos o Tebas, sobre mis cúpulas llamearía el Erebo y mis oráculos impondrían a los hombres; sí yo fuera Cos, forjaría ejes irrompibles; si yo fuera Teutris, la ciudad de los sueños, mis pastores, sobre cuyas frentes se extiende el cielo, contemplarían a la hora en que nace el día sonriendo, las constelaciones, inclinándose hacia el Oriente y derramando en el infinito innumerables astros; si yo fuera Bactria, tendría Zoroastros; si yo fuera Olimpia en Elide, mis juegos ofrecerían una palma a los más valientes luchadores, los adivinos combatirían en mí a los astrónomos, y mis carreras, haciendo que los dioses tuvieran celos de los hombres, impulsarían al viento a seguir a Coroebus; ¿pero para qué quiero yo tener fines tan inútiles poseyendo como poseo, de pie sobre mi colina, este magnífico templo jónico?"

Et ma ville a raison. Ainsi qu'un escabeau
Devant un trône, ainsi devant moi disparaissent
Les Parthénons fameux que les rayons caressent ;
Ils sont l'effort, je suis le miracle.

À celui
Qui ne m'a jamais vu, le jour n'a jamais lui.
Ma tranquille blancheur fait venir les colombes ;
Le monde entier me fête, et couvre d'hécatombes,
Et de rois inclinés, et de mages pensifs,
Mes grands perrons de jaspe aux clous d'argent massifs.
L'homme élève vers moi ses mains universelles.
Les éphèbes, portant de sonores crécelles,
Dansent sur mes parvis, jeunes fronts inégaux ;
Sous ma porte est la pierre où Deuxippe d'Argos
S'asseyait, et d'Orphée expliquait les passages ;
Mon vestibule sert de promenade aux sages,
Parlant, causant, avec des gestes familiers,
Tour à tour blancs et noirs dans l'ombre des piliers.
Corinthe en me voyant pleure, et l'art ionique
Me revêt de sa pure et sereine tunique.

Le mont porte en triomphe à son sommet hautain
L'épanouissement glorieux du matin,
Mais ma beauté n'est point par la sienne éclipsée,
Car le soleil n'est pas plus grand que la pensée ;
Ce que j'étais hier, je le serai demain ;
Je vis, j'ai sur mon front, siècles, l'esprit humain,
Et le génie, et l'art, ces égaux de l'aurore.

Mi ciudad tiene razón; porque así como desaparece un escabel ante un trono, ante mí desaparecen los famosos Partenones; ellos son el esfuerzo del arte; yo soy el milagro.

El que no me vio jamás, no vio una maravilla. Mi serena blancura atrae a las palomas; el mundo entero me festeja y cubre de hecatombes y de inclinados reyes y de pensativos magos mis graderías de jaspe con clavos de plata maciza; los hombres levantan ante mí las manos asombrados; los efebos, provistos de sonoras sonajas, danzan en mi vestíbulo, debajo de mí puerta, en la que Deuxippe de Argos se sentaba para explicar los pasajes de Orfeo; mi vestíbulo sirve de paseo a los sabios, que lo atraviesan hablando y cuestionando, y que son sucesivamente negros o blancos, según la sombra que proyectan en los pilares. Corinto llora cuando me ve, y el arte jónico me reviste con su pura y majestuosa túnica.

La montaña lleva en triunfo a su alta cumbre la aparición gloriosa de la mañana; pero su belleza no eclipsa la mía, porque el sol no es más grande que el pensamiento; lo que fui ayer lo seré mañana; vivo eternamente, y he visto pasar ante mí los siglos, el espíritu humano, el genio y el arte.

La pierre est dans la terre ; âpre et froide, elle ignore ;
Le granit est la brute informe de la nuit,
L'albâtre ne sait pas que l'aube existe et luit,
Le porphyre est aveugle et le marbre est stupide ;
Mais que Ctésiphon passe, ou Dédale, ou Chrespide,
Qu'il fixe ses yeux pleins d'un divin flamboiement
Sur le sol où les rocs dorment profondément,
Tout s'éveille ; un frisson fait remuer la pierre ;
Lourd, ouvrant on ne sait quelle trouble paupière,
Le granit cherche à voir son maître, le rocher
Sent la statue en lui frémir et s'ébaucher,
Le marbre obscur s'émeut dans la nuit infinie
Sous la parenté sombre et sainte du génie,
Et l'albâtre enfoui ne veut plus être noir ;
Le sol tressaille, il sent là-haut l'homme vouloir ;
Et voilà que, sous l'œil de ce passant qui crée,
Des sourdes profondeurs de la terre sacrée,
Tout à coup, étageant ses murs, ses escaliers,
Sa façade et ses rangs d'arches et de piliers,
Fier, blanchissant, cherchant le ciel avec sa cime,
Monte et sort lentement l'édifice sublime,
Composé de la terre et de l'homme, unissant
Ce que dans sa racine a le chêne puissant
Et ce que rêve Euclide aidé de Praxitèle,
Mêlant l'éternel bloc à l'idée immortelle !

Mon frontispice appuie au calme entablement
Ses deux plans lumineux inclinés mollement,
Si doux qu'ils semblent faits pour coucher des déesses ;
Parfois, comme un sein nu sous l'or des blondes tresses,

La piedra existe en el mundo áspera y fría; el granito es informe; el alabastro ignora que el alba brilla; el pórfido es ciego y el mármol es estúpido; pero cuando pasan ante ellos Clesiphon, Dédalo o Chespride, y fijan sus ojos inspirados en el suelo, en el que las rocas duermen profundamente, todo se despierta; la pesada piedra se remueve, abriendo no sé qué vaga pupila; el granito trata de ver a su maestro; la roca siente estremecerse en su interior la estatua que empieza a bosquejarse; el mármol se conmueve al impulso del parentesco santo del genio y el alabastro desea tener brillo; el suelo se estremece y siente que sobre él pasa el hombre de terca voluntad, y bajo las miradas de ese transeúnte que crea, de repente, poniendo unas paredes sobre otras, forjando escaleras, arcos y pilares, asciende, y sale lentamente el edificio sublime que edifican la tierra y el hombre, uniendo lo que en sus raíces tiene la poderosa encina y lo que sueña Euclides ayudado de Praxiteles, confundiendo el eterno bloque con la idea inmortal.

Mi frontispicio apoya su tranquila ensambladura, sus dos planos luminosos, inclinados con tanta suavidad, que parecen dispuestos para que en ellos se acuesten diosas; algunas veces, como el desnudo seno que tapan trenzas de oro, me escondo entre las nubes de azur; sobre mi friso, tres escultores, el vosgo Albus d'Auxur, el medo Ajax de Luze, el griego Phtos de Megara, han cincelado montañas en las que

me cache parmi les nuages d'azur ;
Trois sculpteurs sur ma frise, un volsque, Albus d'Anxur,
Un mède, Ajax de Suze, un grec, Phtos de Mégare,
Ont ciselé les monts où la meute s'égare,
Et la pudeur sauvage, et les dieux de la paix,
Des Triptolèmes nus parmi les blés épais,
Et des Cérès foulant sous leurs pieds des Bellones ;
Cent-vingt-sept rois ont fait mes cent vingt-sept colonnes ;
Je suis l'art radieux, saint, jamais abattu ;
Ma symétrie auguste est sœur de la vertu ;
Mon resplendissement couvre toute la Grèce ;
Le rocher qui me porte est rempli d'allégresse,
Et la ville à mes pieds adore avec ferveur ;
Sparte a reçu sa loi de Lycurgue rêveur,
Mantinée a reçu sa loi de Nicodore,
Athènes, qu'un reflet de divinité dore,
De Solon, grand pasteur des hommes convaincus,
La Crète de Minos, Locres de Séleucus,
Moi, le temple, je suis législateur d'Éphèse ;
Le peuple en me voyant comprend l'ordre et s'apaise ;
Mes degrés sont les mots d'un code, mon fronton
Pense comme Thalès, parle comme Platon,
Mon portique serein, pour l'âme qui sait lire,
À la vibration pensive d'une lyre,
Mon péristyle semble un précepte des cieux ;
Toute loi vraie étant un rhythme harmonieux,
Nul homme ne me voit sans qu'un dieu l'avertisse ;
Mon austère équilibre enseigne la justice ;
Je suis la vérité bâtie en marbre blanc ;
Le beau, c'est, ô mortels, le vrai plus ressemblant ;

se pierden las jaurías, en las que se ven el pudor salvaje y los dioses de la Paz y Triptolemos desnudos entre espesos trigos, y Ceres pisoteando a Belona; ciento veintisiete reyes construyeron mis ciento veintisiete columnas; en mí el arte existe radiante y puro; mi augusta simetría es hermana de la virtud; mi resplandor llena toda la Grecia; los peñascos que me soportan están satisfechos y la ciudad que tengo a mis pies me adora con fervor. Esparta recibió su ley del sabio Licurgo; Mantinea recibió su ley de Nicodoro; Atenas, del gran Solón; la Creta, de Minos; Locre, de Seleucus; yo que soy un templo, soy el legislador de Éfeso; solo mirándome el pueblo comprende el orden y se apacigua; mis gradas son las palabras de un código; mi frontón piensa como Tales y habla como Platón; mi sereno pórtico, para el que lo sabe leer, tiene la vibración de una lira; mi peristilo parece un precepto de los cielos; como toda ley verdadera tiene armonioso ritmo, ninguno me contempla sin que un dios se lo advierta; mi austero equilibrio enseña la justicia; soy la verdad edificada con mármol blanco, que lo hermoso es lo que más se le parece.

Venez donc à moi, foule, et, sur mes saintes marches,
Mêlez vos cœurs, jetez vos lois, posez vos arches ;
Hommes, devenez tous frères en admirant ;
Réconciliez-vous devant le pur, le grand,
Le chaste, le divin, le saint, l'impérissable ;
Car, ainsi que l'eau coule et comme fuit le sable,
Les ans passent, mais moi je demeure ; je suis
Le blanc palais de l'aube et l'autel noir des nuits ;
Quand l'aurore apparaît, je ris, doux édifice ;
Le soir, l'horreur m'emplit ; un sombre sacrifice
Semble en mes profondeurs muettes s'apprêter ;
De derrière mon faîte, on voit la nuit monter
Ainsi qu'une fumée avec mille étincelles.
Tous les oiseaux de l'air m'effleurent de leurs ailes,
Hirondelles, faisans, cigognes au long cou ;
Mon fronton n'a pas plus la crainte du hibou
Que Calliope n'a la crainte de Minerve.
Tous ceux que Sybaris voluptueuse énerve
N'ont qu'à franchir mon seuil d'austérité vêtu
Pour renaître, étonnés, à la forte vertu ;
Sous ma crypte en entend chuchoter la sibylle ;
Parfois, troublé soudain dans sa brume immobile,
Le plafond, où des mots de l'ombre sont écrits,
Tremble à l'explosion tragique de ses cris ;
Sur ma paroi secrète et terrible, l'augure
Du souriant Olympe entrevoit la figure,
Et voit des mouvements confus et radieux
De visages qui sont les visages des dieux ;
De vagues aboiements sous ma voûte se mêlent ;
Et des voix de passants invisibles s'appellent ;

Hombres, venid a contemplarme, y en mis sagrados escalones confundid vuestras almas, trazad vuestras leyes y, admirándome, quedad todos hermanos; reconciliaos ante lo que es puro, grande, casto, santo e imperecedero; porque así como el agua corre y como la arena huye, pasan los años, pero yo no paso; continúo siendo el blanco palacio del alba y el negro altar de las noches; cuando aparece la aurora soy un riente edificio; por la noche me lleno de sagrado horror, como si se preparase algún sacrificio en mis profundidades mudas; y por detrás de mi cúpula se ve ascender la noche parecida a una humareda chispeante. Volando todos los pájaros me rozan con sus alas; pasan por entre mí golondrinas, faisanes y cigüeñas, y mi frontón no teme al búho, como Caliope no teme a Minerva. Todos aquellos que enervó la voluptuosa Sybaris, en cuanto atraviesan mi umbral austero, con asombro suyo vuelven a recuperar la virtud perdida. En mi cripta se oye cuchichear a la sibila, y algunas veces, perturbado de repente el techo, en el que ella escribe sus misteriosas frases, tiembla, cuando oye la explosión trágica de sus gritos; en mi pared secreta y terrible el augur entrevé la figura del sonriente Olimpo y ve movimientos confusos y radiantes de rostros, que son rostros de dioses. Vagos ladridos se confunden bajo mis bóvedas y voces de transeúntes invisibles que se llaman unos a otros;

Et le prêtre, épiant mon redoutable mur,
Croit par moments qu'au fond du sanctuaire obscur,
Assise près d'un chien qui sous ses pieds se couche,
La grande chasseresse, éclatante et farouche,
Songe, ayant dans les yeux la lueur des forêts.
Ô temps, je te défie. Est-ce que tu pourrais
Quelque chose sur moi, l'édifice suprême ?
Un siècle sur un siècle accroît mon diadème ;
J'entends autour de moi les peuples s'écrier :
Tu nous fais admirer et tu nous fais prier ;
Nos fils t'adoreront comme nous t'adorâmes,
Chef-d'œuvre pour les yeux et temple pour les âmes !

y el sacerdote, vigilando mis temibles paredes, cree algunos momentos entrever, en el fondo del oscuro santuario, sentada cerca de un perro que se acuesta a sus pies, a la gran cazadora, que, brillante y feroz, parece que conserve en las miradas la claridad de los bosques. ¡Oh tiempo, te desafío! Nada puedes contra mí, que soy el edificio supremo; cada siglo que pasa aumenta mi grandeza, y oigo que a mi alrededor dicen de mí todos los pueblos:-"Nos obligas a admirarte, nos obligas a rezar; nuestros hijos te adorarán, como te adoramos nosotros, porque eres una obra magistral para la vista y eres un templo para las almas.

28

Es imposible analizar en qué supuestos se basaron algunos autores antiguos para hacer de tales Jardines una de las maravillas universales, cuando toda Babilonia en sí misma era la verdadera maravilla. Incluso muchos otros monumentos babilónicos fueron superiores en belleza a los Jardines: el Etmenanki (Casa fundamento del cielo y de la tierra), famosa torre escalonada de colosales medidas y turbadora belleza; el Esagila (Casa de la cabeza alzada), el templo de Marduk, con una magnífica estatua de oro venerada en una suntuosa capilla. O la Puerta de ishtar, denominada *El enemigo no pasará*, o los Palacios de Nabucodonosor II (604-562 a. C.), el verdadero restaurador de la belleza de Babilonia en la última fase de su historia. Sin embargo, sobre todos estos monumentos, destacaron para la posteridad únicamente los Jardines colgantes, asociados a la figura de la mítica reina Semíramis.

La leyenda muy pronto atribuyó a Semíramis la creación de los magníficos Jardines colgantes babilónicos. En realidad, muy poco se sabe de esta mujer, creída esposa de Nino, el fundador de Nínive. El erudito Ctesias y el historiador Diodoro de Sicilia la imaginan con una vida verdaderamente aventurera.

Según ellos, fruto de la relación adúltera entre un mortal, de nombre Caístro, y una diosa, llamada Derceto, Semíramis hubo de ser abandonada a su suerte recién nacida. Pudo sobrevivir gracias al calor y al alimento que le dieron unas palomas y al hecho de ser hallada por unos pastores, quienes la criaron. Tiempo después, coincidiendo con una inspección de los apriscos, el dignatario Ones (o Menones) se enamoró de ella, haciéndola su esposa, y a su inteligencia debería bastantes logros personales.

Pocos años más tarde, el rey Nino organizó una expedición militar contra la región de Bactriana, en el corazón de Asia, a la cual acudió Ones acompañado de su hermosa y joven esposa. Dado que la ciudadela asiática era inexpugnable, Semíramis le formuló a su esposo observaciones de cómo lograr la victoria, que al final se alcanzó gracias a la propia acción personal de Semíramis al frente de un grupo de soldados. Estupefacto el rey Nino por la valentía de aquella mujer y prendado de su belleza, pidió a su dignatario que se la cediera, entregándole a cambio a su propia hija, la princesa Sosana. Ones, incapaz de tomar una decisión, optó por ahorcarse.

Semíramis tuvo del rey Nino un hijo llamado Ninyas, del cual llegó a ser regente a la pronta muerte del rey. La reina que causaba admiración en todo su Estado logró incluso ampliar sus territorios, llevando campañas por Oriente hasta el Indo y por Occidente hasta Libia. Tras ello, llegó a fundar una nueva capital, Babilonia, a la que dotó de inexpugnables murallas, consideradas también como una maravilla, y de unos magníficos jardines colgantes. Al tramar su hijo una conspiración contra ella, le entregó el reino y desapareció de la tierra después de convertirse en paloma y subir al cielo para ser divinizada.

Otros autores, entre ellos Ateneo, indicaron que Semíramis había sido una hetaira de la cual el rey de Asiria se había enamorado. Tras hacerla su esposa, ella le convenció para que le cediera el gobierno durante tan sólo cinco días. Al segundo, y después de haber puesto a la Corte de su parte, ordenó encarcelar a su marido, tomando así las riendas del poder que llegó a ejercer hasta avanzada edad.

La historia babilónica no registra ningún documento en el que aparezca el nombre de Semíramis. Dada la deformación onomástica, si es que existió una mujer con tal nombre, habría de ser identificada con la reina asiria Sam-mu-ramat, esposa de Shamsi-Adad V (823-810 a. C.) y madre de Adad-nirari (809-782 a. C.) de quien fue regente durante cinco años. No tendrá, sin embargo, esta mujer una existencia tan fabulosa como la atribuida a Semíramis.

El historiador Heródoto no incluye los jardines colgantes como una de las maravillas del mundo, pues llegó incluso a ignorarlos al no poder verlos durante su viaje a Babilonia, dado que el lugar en el que se levantaban servía en su tiempo como cuartel general de las tropas persas de ocupación. No obstante, sí cita en su *Historia* a Semíramis, a quien adjudica la construcción de unos formidables diques para controlar el riego y las crecidas del Eufrates, y a una enigmática Nitocris, ignorada por el historiador Beroso y por las tablillas cuneiformes, a la que cree autora de diferentes monumentos babilónicos, así como del encauzamiento del río, de la red de canales y del puente sobre el Eufrates. Al parecer Heródoto confundió el nombre de Nabucodonosor II con el de Nitocris, nombre que le era familiar por ser el de una reina de Egipto, país que acababa de visitar.

Gracias a Eusebio, escritor del siglo IV, sabemos quién fue el autor real de la segunda maravilla de la Antigüedad. De acuerdo con él, y siguiendo la cita de Beroso –que también ata a Nabucodonosor II como el constructor– la paternidad de tal maravillosa obra no admite discusión.

El motivo de la construcción de aquellos jardines descansó probablemente en una poética razón. En efecto, Beroso cuenta que Nabucodonosor II se había casado –quizás por razones políticas– con Amytis, una hija del rey meda Astyages, y que ésta languidecía en sus lujosos aposentos babilónicos, añorando el verdor y la frescura de su lejano país natal. A fin de calmar esta nostalgia, el rey ordenó la construcción de unos fabulosos jardines que sobrepasasen en belleza a cuanto se podía imaginar, poblándolos con exóticos árboles y olorosas plantas.

31

II

Une deuxième voix s'éleva ; celle-ci,
Dans l'azur par degrés mollement obscurci,
Parlait non loin d'un fleuve à la farouche plage,
Et cette voix semblait le bruit d'un grand feuillage :
- Gloire à Sémiramis la fatale ! Elle mit
Sur ses palais nos fleurs sans nombre où l'air frémit.
Gloire ! en l'épouvantant elle éclaira la terre ;
Son lit fut formidable et son cœur solitaire ;
Et la mort avait peur d'elle en la mariant.
La lumière se fit spectre dans l'Orient,
Et fut Sémiramis. Et nous, les arbres sombres
Qui, tandis que les toits s'écroulent en décombres,
Grandissons, rajeunis sans cesse et reverdis,
Nous que sa main posa sur ce sommet jadis,
Nous saluons au fond des nuits cette géante ;
Notre verdure semble une ruche béante
Où viennent s'engouffrer les mille oiseaux du ciel ;
Nos bleus lotus penchés sont des urnes de miel ;
Nos halliers, tout chargés de fleurs rouges et blanches,
Composent, en mêlant confusément leurs branches,
En inondant de gomme et d'ambre leurs sarments,
Tant d'embûches, d'appeaux et de pièges charmants,
Et de filets tressés avec les rameaux frêles,
Que le printemps s'est pris dans cette glu les ailes,
Et rit dans notre cage et ne peut plus partir.
Nos rosiers ont l'air peints de la pourpre de Tyr ;
Nos murs prodigieux ont cent portes de cuivre ;
Avril s'est fait titan pour nous et nous enivre

II. Los jardines de Babilonia.

Habló la segunda voz; ésta, en el azur, que iba gradualmente oscureciéndose, hablaba cerca de un río y producía ruido semejante al que causa el viento en la hojarasca:

-"Gloria a la fatal Semíramis! Esa reina puso sobre sus palacios nuestras innumerables flores; espantó a la tierra iluminándola; su lecho fue formidable y su corazón vivió solitario; la muerte la tuvo miedo cuando la casó. La luz se hizo espectro en el Oriente y se convirtió en Semíramis. Nosotros, los árboles sombríos, que, mientras las casas se derrumban y desaparecen, crecemos reverdeciendo y rejuveneciéndonos sin cesar; nosotros, que ella en otros tiempos colocó a tanta altura, saludamos a esa heroína. Nuestra verdura se parece a una colmena abierta, a la que van a picotear millones de aves; nuestros lotos azules e inclinados son urnas de miel; nuestros bosques, cargados de flores blancas y rojas, construyen, entrelazando y confundiendo sus follajes, inundando de goma y de ámbar sus sarmientos, tan deliciosas emboscadas y lazos tan bien tendidos entre el frágil ramaje, que la primavera deja prendida en ellos sus alas, y sonriendo en nuestro encierro, no puede ya salir de aquí. Nuestros rosales parecen pintados con la púrpura de Tyro; nuestros prodigiosos muros contienen cien puertas de cobre; Abril se ha convertido en titán para nosotros y nos embriaga con acres perfumes, que hacen vegetar

D'âcres parfums qui font végéter le caillou,
Vivre l'herbe, et qui font penser l'animal fou,
Et qui, quand l'homme vient errer sous nos pilastres,
Font soudain flamboyer ses yeux comme des astres ;
Les autres arbres, fils du silence hideux,
Ont la terre muette et sourde au-dessous d'eux ;
Nous, transplantés dans l'air, plus haut que Babylone
Pleine d'un peuple épais qui roule et tourbillonne,
Et de pas, et de chars par des buffles traînés,
Nous vivons au niveau du nuage, étonnés
D'entendre murmurer des voix sous nos racines ;
Le voyageur qui vient des campagnes voisines
Croit que la grande reine au bras fort, à l'œil sûr,
A volé dans l'éden ces forêts de l'azur.
Le rayon de midi dans nos fraîcheurs s'émousse ;
La lune s'assoupit dans nos chambres de mousse ;
Les paons ouvrent leur queue éblouissante au fond
Des antres que nos fleurs et nos feuillages font ;
Plus d'une nymphe y songe, et dans nos perspectives
Parfois se laissent voir des nudités furtives ;
La ville, nous ayant sur sa tête, va, vient,
Se parle et se répond, querelle, s'entretient,
Travaille, achète, vend, forge, allume ses lampes ;
Le vent, sur nos plateaux et sur nos longues rampes,
Mêle l'horizon vague et les murs et les toits
Et les tours au frisson vertigineux des bois,
Et nos blancs escaliers, nos porches, nos arcades
Flottent dans le nuage écumant des cascades ;
Sous nos abris sacrés, nul bruit ne les troublant,
Vivent le martinet, l'ibis, le héron blanc

con acres perfumes, que hacen vegetar a los peñascos, vivir a la yerba y pensar al animal, y cuando el hombre viene a pasear por entre nuestras pilastras, llamean sus ojos como si fueran astros: los demás árboles, hijos de repugnante silencio, tienen la tierra muda y sorda bajo sus plantas; nosotros, trasplantados en el aire, a más altura que Babilonia, vivimos al nivel de las nubes y nos asombramos de oír hablar debajo de nuestras raíces; el viajero que llega hasta aquí de los campos inmediatos, cree que la gran reina, de brazo fuerte y de ojo seguro, robó en el edén nuestros bosques fantásticos. Los rayos solares del medio día se embotan en nuestra frescura; la luna se adormece en nuestros lechos de musgo; los pavos reales abren su deslumbradora cola en el fondo de los antros que forman nuestra hojarasca y nuestras flores; más de una ninfa acaricia en ellos sonriente idea, y en nuestras perspectivas deja ver algunas veces furtivas desnudeces; la ciudad, teniéndonos encima, va, viene, susurra, se querella, hierve, trabaja, compra, vende y enciende sus lámparas; el viento, sobre nuestros collados y sobre nuestras pendientes, confunde, en el horizonte vago, paredes, techos y torres con el estremecimiento vertiginoso de los bosques, y nuestras blancas escalinatas, nuestros pórticos y nuestras arcadas flotan en las nubes espumantes de las cascadas; en nuestro sagrado asilo, sin que nada los moleste, viven el martinete, el tántalo y la garza real;

Qui porte sur le front deux longues plumes noires ;
L'air ride nos bassins, inquiètes baignoires
Où viennent s'apaiser les pâles voluptés ;
Des bœufs à face humaine, à nos portes sculptés,
Témoignent que Belus est le seul roi du monde ;
À de certains endroits notre ombre est si profonde
Que la nuit en montant aux cieux n'y change rien ;
Nous avons vu grandir le trône assyrien ;
Nos troncs, contemporains des anciens jours de l'homme,
Ont vu le premier arbre et la première pomme,
Et, vieux, ils sont puissants, et leurs antiques fûts
Ont des rameaux si durs, si noueux, si touffus,
Et d'un balancement si noir, que le zéphyre
Épuisé s'y fatigue et ne peut leur suffire ;
Et leur vaste branchage est fait d'un tel granit
Qu'il faudrait l'ouragan pour y bercer un nid.

Gloire à Sémiramis qui posa nos terrasses
Sur des murs que vient battre en vain le flot des races
Et sur des ponts dont l'arche est au-dessus du temps !
Cette reine parfois, sous nos rameaux flottants,
Venait rire entre deux écroulements d'empires ;
Elle abattait au loin les rois moindres ou pires,
Puis s'en allait ayant l'homme jusqu'aux genoux,
Et venait respirer contente parmi nous ;
Gaie, elle se couchait sur des peaux de panthère ;
Quels lieux, quels champs, quels murs,
                    quels palais sur la terre,
Hors nous, ont entendu rire Sémiramis ?
Nous, les arbres hautains, nous étions ses amis ;

el aire riza nuestras fuentes y nuestros estanques, en los que se bañan y se refrescan las voluptuosidades; dos bueyes con faz humana, esculpidos en nuestras puertas, atestiguan que Belo es el único rey del mundo; en ciertos sitios tenemos tanta sombra, que apenas en ellos se conoce cuándo es de día y cuándo es de noche; hemos presenciado cómo se iba engrandeciendo el trono asirio; nuestros troncos, contemporáneos de los primitivos tiempos del hombre, conocieron el primer árbol que produjo la primera manzana; son tan viejos y tan poderosos, extienden ramajes tan duros, tan nudosos y tan espesos, que el céfiro no puede atravesarnos, que se necesita que sople el huracán para mover los nidos que en ellos se posan.

¡Gloria a Semíramis, que colocó nuestras terrazas sobre murallas que vienen a batir en vano las incesantes oleadas de las razas, y sobre puentes cuyos arcos son imperecederos! Aquella reina venia algunas veces a sonreír entre el derrumbamiento de dos imperios, bajo nuestros ramajes flotantes; abatía desde lejos a los reyes, y contenta, venia a respirar entre nosotros, acostándose sobre pieles de pantera; ¿qué sitios, qué campos, qué palacios en el mundo, excepto los nuestros, han visto reír a Semíramis? Nuestros colosales árboles eran sus amigos;

Nos taillis ont été les parvis et les salles
Où s'épanouissaient ses fêtes colossales ;
C'est dans nos bras, que n'a jamais touchés la faulx,
Que cette reine a fait ses songes triomphaux ;
Nos parfums ont parfois conseillé des supplices ;
De ses enivrements nos fleurs furent complices ;
Nos sentiers n'ont gardé qu'une trace, son pas.
Fils de Sémiramis, nous ne périrons pas ;
Ce qu'assembla sa main, qui pourrait le disjoindre ?
Nous regardons le siècle après le siècle poindre ;
Nous regardons passer les peuples tour à tour ;
Nous sommes à jamais, et jusqu'au dernier jour,
Jusqu'à ce que l'aurore au front des cieux s'endorme,
Les jardins monstrueux pleins de sa joie énorme.

nuestros bosques eran los aéreos salones donde celebraba sus fiestas colosales; en nuestros brazos, que jamás tocó la hoz, aquella reina ideó sus triunfos; nuestros perfumes algunas veces la aconsejaron suplicios, y nuestras flores fueron cómplices de sus embriagueces. Nuestros senderos solo conservan la huella de sus pasos. Somos hijos de Semíramis y nunca pereceremos; lo que juntaron sus manos, quién podrá disgregarlo? Vemos pasar un siglo tras otro y pueblo tras pueblo, y somos y seremos, hasta que termine el mundo, monstruosos jardines llenos de la fatal alegría de Semíramis.

40

Corresponde a la ciudad de Halicarnaso el honor de haber contado en la Antigüedad con la quinta maravilla del mundo: la fastuosa tumba de Mausolo, cuyo nombre se empleó, en lo sucesivo, para designar a cualquier tumba o sepulcro dotado de un mínimo de pretensiones arquitectónicas.

Tal ciudad –la actual Bodrum–, sobre la costa egea de Turquía, fue una de las principales poblaciones de la Dórida, sometida por los persas en el año 480 a. C. Posteriormente, una vez recuperada su libertad, pasó a formar parte de la Liga de Délos, que fue disuelta poco después. Elegida luego como capital de la Caria por Mausolo, fue dotada de hermosos monumentos y magníficos parques y jardines, prácticamente destrozados en el año 334 a. C., a causa del incendio a que la sometió Alejandro Magno por haberle hecho frente.

Poco se sabe de Mausolo, personaje que en el año 377 a. C. ascendió al trono de Caria a la muerte de su padre Hacatomnos. Estaba casado con su propia hermana, Artemisa II, y contaba con el beneplácito del persa Artajerjes Ochos. Pero llegaría a levantarse en contra de éste, aunque luego rectificó a tiempo. Rigió los destinos de su Estado en calidad de sátrapa hasta el año 353 a. C., fecha de su muerte.

Si bien los reyes que le precedieron gobernaron desde Mylasa, el nuevo rey eligió Halicarnaso –cuna del padre de la Historia, Heródoto–, a orillas del mar, como nuevo enclave. Hizo entonces de ella una gran capital, al dotarla de monumentos del más puro estilo helenístico. Antes de su muerte emprendió la construcción de su propia tumba, que por su magnificencia, dimensiones y belleza plástica, le daría fama imperecedera.

Por lo que se sabe, el Mausoleo, todo él de mármol, se erigió en el centro de Halicarnaso, sobre una plataforma artificial dispuesta al efecto. Sus arquitectos fueron Sátiros y Píteos, y sus escultores Escopas, autor de las esculturas de la fachada oriental; Bryaxis, de las de la fachada norte; Timoteo, de las del sur; y Leocares, de las del oeste. El monumento tenía planta rectangular, midiendo de perímetro –según Plinio– 125 metros, con una altura total de casi 40. El cuerpo principal del edificio, un basamento, estaba decorado con los frisos de una Amazonomaquia y una Centauromaquia.

Por encima se levantaba una estructura jónica, a modo de templo, con 36 columnas, sobre las que cabalgaba un entablamento de dentículas sin friso; en los intercolumnios se hallaban diferentes estatuas: leones y efigies colosales. Esta especie de templo estaba coronado por una pirámide rectangular de la misma altura que el basamento, formada por 24 peldaños, hallándose en el remate una hermosa cuadriga, debida al cincel de Píteos. La cámara sepulcral, situada bajo tierra, estaba decorada con frisos pictóricos de notable interés; en ella recibieron sepultura las cenizas de Mausolo y, poco después, las de su esposa Artemisa.

Todo el conjunto daba, en realidad, la impresión de algo vertiginosamente ascendente, simbolizando quizás el impulso del alma hacia los destinos supraterrenos.

La viuda de Mausolo murió antes de verlo terminado, pero los artistas –al decir de Plinio el Viejo– no abandonaron sus trabajos hasta finalizar totalmente la obra, pues en la misma les iba más su propia gloria que la recompensa económica que recibirían.

Por Plinio y por Vitrubio sabemos los nombres de los artistas que hicieron posible la maravilla que se acaba de describir. El arquitecto principal fue, como se ha dicho, Píteos, natural de Jonia. A él le fue encargado el Mausoleo y, además de proyectarlo, esculpió también la cuadriga de mármol que lo coronaba. Tal arquitecto, célebre por su dominio de la matemática en la más pura línea pitagórica, construyó también el alabado templo de Atenea Políada en Priene, famoso por lo armónico de sus proporciones. Asimismo, dejó un Tratado en donde hacía un comentario a su obra, declarándose en él defensor a ultranza de la perfección del orden jónico, estilo en el que había construido el Mausoleo. Píteos fue ayudado en las obras por Sátiros de Paros, un arquitecto del que no se sabe prácticamente nada.

Junto a ellos trabajaron en la parte escultórica cuatro grandes artistas de la época: Bryaxis, Leocares, Timoteo y Escopas.

El Mausoleo, que conoció todavía algunos retoques en época de Alejandro Magno, se mantuvo en pie hasta comienzos del siglo XV, momento en que se instalaron en la localidad los caballeros de San Juan de Malta. Estos construyeron una fortaleza, conocida como castillo de San Pedro, de cuyo nombre Petrum deriva el actual de Bodrum. Para ello aprovecharon, sin ningún tipo de escrúpulos, no pocos materiales del Mausoleo. Más tarde, a finales del mismo siglo y hasta 1522, se volvieron a acarrear nuevos materiales del Mausoleo para el castillo y para otras construcciones, pasando así el monumento a ser definitivamente cantera –según sabemos por la noticia de Guichard (1581)– cayendo en el más absoluto olvido.

III

Une troisième voix dit :

- Sésostris est grand ;
Cadmus est sur la terre un homme fulgurant ;
Comme Typhon cent bras, Cyrus a cent batailles ;
Ochus, portant sa hache aux profondes entailles,
Du Taurus fièrement garde l'âpre ravin ;
Hécube est sainte ; Achille est terrible et divin ;
Il semble, après Thésée, Astyage, Alexandre,
Que l'homme trop grandi ne peut plus que descendre ;
La calme majesté revêt Belochus trois ;
Xercès, de Salamine assiégeant les détroits,
Ressemble à l'aquilon des mers ; Penthésilée
A sur son dos la peau d'une bête étoilée,
Et, superbe, apparaît tendant son arc courbé ;
Didon, Sémiramis, Thalestris, Niobé,
Resplendissent parmi les profondeurs sereines ;
Mais entre tous ces rois, entre toutes ces reines,
Reines au sceptre d'or qu'admire un peuple heureux,
Rois vainqueurs ou bénis, se disputant entr'eux
Ces fiers surnoms, le grand, le beau, le fort, le juste,
Artémise est sublime et Mausole est auguste.

Je suis le monument du cœur démesuré ;
La mort n'est plus la mort sous mon dôme azuré ;
Elle est splendide, elle est prospère, elle est vivante ;
Elle a tant de porphyre et d'or qu'elle s'en vante ;
Je suis le deuil triomphe et le tombeau palais ;

III. El Mausoleo.

La tercera voz dijo:-"Sesostris es grande; Oadmus fue un hombre fulgurante; como Typhon tenía cien brazos, Ciro se enorgullecía de cien batallas; Ochus, con su terrible hacha, custodiaba de Taurus el áspero barranco; Hécuba es santa; Aquiles es terrible y divino; después de haber adquirido el mortal la grandeza de Teseo y de Alejandro, parecía que debía descender; el tercer Belochus se reviste de tranquila majestad; Jerjes, sitiando los estrechos de Salamina, es el aquilón del mar; Penthesileo, soberbio llevando en las espaldas la piel de una fiera, aparece tendiendo su encorvado arco; Dido, Semíramis, Thalestris y Niobe resplandecen entre las mujeres ilustres; pero entre todos esos reyes y reinas, que admira un pueblo feliz, vencedores o vencidos, y que se disputan el sobrenombre de grandes, de fuertes o de justos. Artemisa es sublime y Mausoleo es augusto.

Yo soy el monumento, hijo del corazón que amó con frenesí; bajo mi azulada cúpula la muerte pierde todo su horror es espléndida, es magnífica, casi está viva, la hace resplandecer el pórfido y el oro; yo soy el duelo vencedor, yo soy la tumba-palacio.

Oh ! tant qu'on chantera ce chant : – Oublions-les,
Vivons, soyons heureux ! – aux morts gisant sous terre ;
Tant que les voluptés riront près du mystère ;
Tant qu'on noiera ses deuils dans les vins décevants,
Moi l'édifice sombre et superbe, ô vivants,
Je jetterai mon ombre à vos joyeux visages ;
Jusqu'à la fin des ans, jusqu'au terme des âges,
Jusqu'à ce que le temps, las, demande à s'asseoir,
Mes cippes, mes piliers, mes arcs, l'aube et le soir
Découpant sur le ciel mes frontons taciturnes
Où des colosses noirs rêvent, portant des urnes,
Mon bronze glorieux et mon marbre sacré
Diront : Mausole est mort, Artémise a pleuré.

Les siècles, vénérable et triomphante épreuve,
À jamais en passant verront la grande veuve
Assise sur mon seuil, fantôme saint et doux ;
Elle attend le moment d'aller, près de l'époux,
Se coucher dans le lit de la noce éternelle ;
Elle pare son front d'ache et de fraxinelle,
Et se parfume afin de plaire à son mari ;
Elle tient un miroir qui n'a jamais souri,
Et se met des anneaux aux doigts, et sous ses voiles
Peigne ses longs cheveux d'où tombent des étoiles.

Mientras los mortales dichosos olviden a los muertos que yacen enterrados; mientras las voluptuosidades no hagan caso del impenetrable misterio; mientras se ahoguen los pesares en el vino de las orgías, mi soberbio edificio hará sombra a los rostros alegres de los vivos, hasta el fin de los años, hasta el término de las edades, hasta que, cansado, el tiempo quiera sentarse; y mis pilares, mis arcos, la mañana y la tarde, recortando en el cielo mil frontones taciturnos, mi glorioso bronce y mi sagrado mármol, exclamarán: –"Mausoleo murió y Artemisa le lloró eternamente".

Los siglos, como venerable prueba de cariño eterno, al pasar verán a la inconsolable viuda, sentada en mi dintel, como cariñoso fantasma; sentada y esperando el momento de ir al lado de su esposo a acostarse en el lecho de las eternas bodas, adornando su frente con apio y díctamo, perfumándose para agradar a su marido, poniéndose anillos en los dedos, y por bajo de su velo espeso peinando su larga cabellera, de la que caen estrellas.

48

Uno de los más célebres santuarios de la Grecia antigua estaba en la región de Elide, Peloponeso, en el recinto sagrado de Olimpia, situado no lejos del mar. El lugar estuvo habitado ya desde el tercer milenio antes de Cristo, por lo que arqueológicamente hablando la zona es rica, habiendo proporcionado numerosos monumentos y abundantes restos materiales.

En dicho enclave, al principio en el bosquecillo del Altis, se adoraba a una divinidad femenina, acaso la Tierra, que se identificó después con Hera, culto al cual vino a añadirse el de su esposo Zeus, el señor del Olimpo, hijo de Cronos.

A la diosa Hera se le dedicó allí un Hereion, de estilo dórico, cuyos restos todavía son visibles hoy. A Zeus, dado su prestigio y su señorío sobre el lugar, no hubo necesidad en los primeros tiempos de construirle ningún templo.

Olimpia se hizo famosa especialmente por los juegos atléticos que desde tiempo inmemorial celebraban los campesinos de sus cercanías, juegos en honor primero probablemente de Cronos y luego en el de su hijo, y que cada vez cobraron mayor importancia, hasta el extremo de que en el año 776 a. C., fecha de la primera Olimpiada, alcanzaron carácter internacional, acudiendo a los mismos –cada cuatro años– los más afamados atletas.

Era extraño que Zeus, señor de aquel paraje, no tuviese en él un templo, por lo que en el año 470 a. C., se decidió levantarle uno –dórico y con peristilo, según Pausanlas– que se situó no lejos del de Hera. Lo más significativo del mismo, sin embargo, fue su estatua de culto, la cual por su belleza, alcanzó justa fama, pasando a ser considerada una verdadera maravilla.

A un arquitecto de la región, llamado Libón, se debió la erección del templo dórico de Zeus, levantado con piedra ordinaria, recubierta con polvo de mármol. Su construcción, que duró quince años (470-456 a. C.) no presentaba grandes hallazgos arquitectónicos, dado que fue diseñada con seis columnas en las fachadas y de planta alargada. Sin embargo, sí destacaron por su belleza las estatuas de sus frontones y los relieves de sus metopas, manifestación ya de los últimos momentos del arcaísmo plástico griego.

Alrededor de unos 25 años después de haberse edificado el templo de Olimpia, le fue encargada a Fidias la realización de una estatua de Zeus destinada a presidirlo.

Dicha obra, que ejecutó en la propia área del recinto sagrado con la colaboración de su sobrino Panaeno, fue hecha en oro y marfil sobre un alma hueca de madera, siguiendo un enorme canon, ya que, a pesar de figurarlo sedente, alcanzaba los 13 metros de altura (18 con el pedestal). Esto es, casi ocho veces el tamaño de una persona.

Gracias a Pausanias conocemos la descripción de tan maravillosa escultura, que fue la admiración de todo el mundo. De hermosísimo rostro, de serena mirada, lleno de calma y majestad, iba tocado con corona de ramas de olivo. En su mano derecha tenía una estatua de la Victoria, también crisoelefantina, y en su izquierda, algo levantada, un cetro labrado en diferentes materiales y rematado por un águila. Sus vestidos y zapatos eran de oro fino y sobre el manto se hallaban grabadas figuras de animales y flores.

El trono, cuya base medía casi 70 metros cuadrados, era de una riqueza extraordinaria, hecho asimismo de lámina de oro, piedras preciosas, maderas finas y marfil. Sobre sus montantes delanteros se figuraban esfinges raptando niños tebanos, y por debajo Apolo y Artemisa matando a los hijos de Níobe. El espacio que dejaban las cuatro patas del trono estaba ocupado por otras estatuas, ocho en el frontal y 29 en los restantes espacios, representando una de ellas a Pantarkes, un muchacho de

Elide que había sido amante de Fidias. El trono se apoyaba en un zócalo de mármol eleusino, asimismo decorado lujosamente, con las figuras del nacimiento de Afrodita, el dios Helios montando en su carro, Zeus y Hera, y otros temas.

Teodosio II, hijo de Arcadio, logró transportarla a Constantinopla, la sede imperial. Allí, hacia el año 475, un incendio la destruyó totalmente.

Algunos especialistas piensan que la estatua no pereció en el incendio, sino que fue arrojada a las aguas del mar en un desesperado intento por ser salvada. ¿Se recuperará algún día?

IV

Quand cette voix se tut, à Pise, près de là,
Du haut d'une acropole une autre voix parla :
Je suis l'Olympien, je suis le Musagète ;
Tout ce qui vit, respire, aime, pense et végète,
Végète, pense, vit, aime et respire en moi ;
L'encens monte à mes pieds mêlé d'un vague effroi ;
L'angle de mon sourcil touche à l'axe du monde ;
La tempête me parle avant de troubler l'onde ;
Je dure sans vieillir, j'existe sans souffrir ;
Je ne sais qu'une chose impossible, mourir.
J'ai sur mon front, que l'ombre en reculant adore,
La bandelette bleue et rose de l'aurore.
Ô mortels effrénés, emportés, hagards, fous,
L'urne des jours me lave en vous noircissant tous ;
À mesure qu'au fond des nuits et sous la voûte
Du temps d'où l'instant suinte et tombe goutte à goutte,
Les siècles, partant l'un après l'autre, s'en vont,
Ainsi que des oiseaux volant sous un plafond,
Hébé plus fraîche rit en mes hautes demeures ;
Ma jeunesse renaît sous le baiser des heures ;
J'empêche, en abaissant mon sceptre lentement
Vers le trou monstrueux plein du triple aboîment,
Cerbère de saisir les astres dans sa gueule ;
La chaîne du destin immuable peut seule
Meurtrir ma main égale à tout l'effort des dieux ;
Mon temple offre son mur au nid mélodieux ;
Et c'est du vol de l'aigle et du vol de la foudre,
C'est du cri de l'enfer tremblant de se dissoudre,

IV. El Júpiter Olímpico.

Cuando calló la tercera voz, desde lo alto de una acrópo-
lis, la cuarta, habló de esta manera:-"Yo soy Júpiter
Olímpico; todo lo que vive, respira, ama, piensa y vegeta,
vegeta, piensa, vive y respira en mí; el incienso sube hasta
mis pies; el águila es mi esclava; la tempestad me pide per-
miso para perturbar las olas; permanezco sin envejecer,
existo sin sufrir; para mí solo es imposible una cosa, morir.
Rodea mi frente, que retrocediendo adora la sombra, la cla-
ridad azul y sonrosada del alba. Mortales desenfrenados,
huraños y locos, la urna de los días me lava y os ennegrece;
a medida que en el fondo de las noches y bajo la bóveda del
tiempo, en la que cada momento rezuma y cae gota a gota,
los siglos desaparecen unos tras de otros; Hebe, más fresca,
se sonríe en mis altas regiones; mi juventud renace con las
caricias de las Horas; impido, inclinando mi cetro lenta-
mente hacia la madriguera monstruosa, que el Cancerbero
se apodere do los astros; la cadena del inmutable destino
puede solo debilitar mi mano, que iguala al poder de todos
los dioses; mi templo ofrece sus paredes a los nidos de las
aves; y del vuelo del águila, y del vuelo del rayo, y del grito
del infierno,

C'est du choc convulsif des groupes des typhons,
C'est du rassemblement des nuages profonds,
Que le vieux Phidias d'Athènes, statuaire,
Composa, dans l'horreur sainte du sanctuaire,
L'immense apaisement de ma sérénité.
Quand, dans le saint pœan par les mondes chanté,
L'harmonie amoindrie avorte ou dégénère,
Je rends le rhythme aux cieux par un coup de tonnerre ;
Mon crâne plein d'échos, plein de lueurs, plein d'yeux,
Est l'antre éblouissant du grand Pan radieux ;
En me voyant on croit entendre le murmure
De la ville habitée et de la moisson mûre,
Le bruit du gouffre au chant de l'azur réuni,
L'onde sur l'océan, le vent dans l'infini,
Et le frémissement des deux ailes du cygne ;
On sent qu'il suffirait à Jupiter d'un signe
Pour mêler sur le front des hommes le chaos ;
Que seul je mets la bride aux bouches des fléaux,
Que l'abîme est mon hydre, et que je pourrais faire
Heurter le pôle au pôle et l'étoile à la sphère,
Et rouler à flots noirs les nuits sur les clartés,
Et s'entre-regarder les dieux épouvantés,
Plus aisément qu'un pâtre au flanc hâlé ne jette
Une pierre aux chevreaux broutant sur le Taygète.

y del choque de los gigantes, y de la reunión de negras nubes, el estatuario de Atenas, el célebre Fidias, sacó la tranquilidad de mi majestad serena. Cuando en el santo poema que el mundo canta, disminuida la armonía, aborta o degenera, vuelvo a dar el ritmo al cielo lanzando mi trueno; mi cráneo, lleno de ecos, de fulgores y de ojos, es el antro deslumbrador del radiante Pan; al verme creen oír el murmullo que produce la ciudad habitada, el ruido del abismo confundido con el cántico del azur, el de la onda en el Océano y el del viento en el infinito, y el estremecimiento de las dos alas del cisne hace comprender que bastaría a Júpiter hacer un solo signo para lanzar a los hombres en el caos; compréndase mirándome que puedo cerrar las bocas a las calamidades, que el abismo es mi hidra, y que podría hacer chocar el Polo contra el Polo, la estrella contra la esfera y lanzar la noche sobre la claridad, y que, espantados, los dioses se mirasen unos a otros; se comprende que puedo hacer todo eso con la misma facilidad que el pastor en la ladera del monte arroja una piedra a los cabritillos que pacen en el Taygeto.

A finales del año 333 a. C., y después de la conquista de diferentes puertos fenicios, Alejandro Magno penetró en Egipto, donde fue recibido como un verdadero libertador. Poco tiempo después, y tras el peregrinaje que el macedonio realizó al santuario líbico de Arrimón, concibió la idea de fundar una nueva ciudad en un lugar que ofrecía grandes ventajas por estar situado junto a la costa, al oeste del delta, y no lejos del cauce del Nilo. Así, en el 331 a. C., según sabemos por algunos autores clásicos, Alejandro ordenó a su arquitecto Deinócrates de Rodas la construcción de una ciudad que sería su capital imperial, y más tarde su lugar de sepultura.

Dicha ciudad, que tomó el nombre de su fundador, Alejandría, fue distribuida en barrios (insulae) separados por vías ortogonales, algunas de hasta 30 metros de anchura. A finales del siglo IV a. C. llegó a ser la capital de Egipto bajo los Ptolomeos, haciéndose famosa por su prestigio cultural y por sus construcciones.

Particular veneración alcanzó entre éstas el Soma, monumento funerario que contenía los restos de Alejandro Magno llevados desde Babilonia por Ptolomeo.

De entre sus obras artísticas sobresalió su magnífico Faro, que llegó a ser catalogado en la Antigüedad como la séptima de las maravillas del mundo.

Gracias a Estrabón y a las menciones de Plinio, Luciano y otros autores, conocemos algunos detalles del monumento, entre ellos el coste de su obra, que ascendió a la fabulosa cifra de 100 talentos (unos 2.500 kilogramos de plata), así como la finalidad de su construcción: servir de guía a los marineros en el curso de sus navegaciones para que arribasen a los dos puertos con que contaba la ciudad sin ningún contratiempo.

El Faro, que jugó un gran papel de alerta y defensa durante todo el tiempo que estuvo en servicio, se levantó en el sector nordeste de la isla, en el lugar que en 1477 el sultán mameluco Qayt-Bey edificó una fortaleza, convertida hoy en museo marítimo.

Estrabón nos transmite en su *Geografía* algunos datos descriptivos del Faro alejandrino, batido constantemente por las olas, aunque luego fue unido a tierra firme mediante un dique artificial, llamado *Heptastadlos* (1243,20 metros de longitud), que delimitó dos zonas portuarias, haciendo así de la ciudad un magnífico emporio comercial.

En cuanto a su aspecto, fue Estrabón quien señaló que la formaban varios pisos edificados con mármol blanco. Flavio Josefo en la *Guerra de los judíos* al comparar la torre de Phazael con el Faro de Alejandría, dice de éste que iluminaba siempre a los marineros, alcanzando sus destellos –realzados probablemente por un juego de espejos convexos– hasta los 300 estadios de distancia (unos 35 km), distancia que eleva diez veces más Luciano de Samosata.

En el siglo X el escritor-árabe al-Masudi, en sus *Praderas de oro*, describió el Faro indicando que su altura era en su época de unos 102 metros, aunque en el pasado había alcanzado alrededor de los 178. Externamente, estaba estructurado en un primer piso cuadrado, hecho de piedras blancas, sobre el que se situaba otro octogonal, de piedras y yeso, y una balconada superior circular por la que se podía deambular.

Un viajero musulmán de Málaga, de nombre Ibn Mohammed el-Balawi, que había recalado en el 1116 en Alejandría, tuvo la curiosidad de medir el Faro con la ayuda de un cordel. Sus dimensiones –previa conversión a la metrología actual– arrojaron 60 metros de altura para el primer piso, 26 para el segundo y 19 para el tercero, totalizando así los 105. Poco después, en 1182, otro árabe, Ibn lubere, volvió a medir el Faro, dando como altura total la cifra de 225 metros y una base de 22,17 de lado. Dos siglos más tarde, en 1326, otro viajero árabe, Ibn Battuta, recogió nuevamente la medida de su base, 30 metros de lado, señalando la total degradación que ya mostraba el edificio cuando al cabo de pocos años volvió a visitarlo.

La más razonable representación de cómo hubo de ser el magnífico Faro alejandrino es la del mosaico existente en una capilla de la basílica de San Marcos de Venecia, fechado hacia el 1200. En él se muestra la llegada del evangelista Marcos a Alejandría, viéndose un Faro con un tercer piso en forma abovedada, y de líneas semejantes a las de un minarete islámico.

El Faro fue degradándose poco a poco, ante la carencia de un sistema de mantenimiento adecuado para hacer frente a la salinidad y a la serie de terremotos que lo fueron cuarteando. Su desaparición se consumó el 8 de agosto de 1303, si hemos de hacer caso de un manuscrito existente en Montpellier, o, según otros, en 1326 por causa de un violento terremoto. En cualquier caso, en 1477 el sultán Qayt-Bey levantó sobre sus ruinas un fuerte, perdiéndose así cualquier vestigio de tal maravilla.

V

Les nuages erraient dans les souffles des airs,
Et la cinquième voix monta du bord des mers :

- Sostrate Gnidien regardait les étoiles.
De la tente des cieux dorant les larges toiles,
Elles resplendissaient dans le nocturne azur ;
Leur rayonnement calme emplissait l'éther pur
Où le soir le grand char du soleil roule et sombre ;
Elles croisaient, au fond des clairs plafonds de l'ombre
Où le jour met sa pourpre et la nuit ses airains,
Leurs chœurs harmonieux et leurs groupes sereins ;
Le sinistre océan grondait au-dessous d'elles ;
L'onde à coups de nageoire et les vents à coups d'ailes
Luttaient, et l'âpre houle et le rude aquilon
S'attaquaient dans un blême et fauve tourbillon ;
Éole fou prenait aux cheveux Neptune ivre ;
Et c'était la pitié du songeur que de suivre
Les pauvres nautoniers de son œil soucieux ;
Partout piége et naufrage ; il tombait de ces cieux
Sur l'esquif et la barque et les fortes trirèmes
Une foule d'instants terribles ou suprêmes ;
Et pas une clarté pour dire : Ici le port !
Le gouffre, redoublant de tourmente et d'effort,
Vomissait sur les nefs, d'horreur exténuées,
Toute son épouvante et toutes ses nuées ;
Et les brusques écueils surgissaient ; et comment
S'enfuir dans ce farouche et noir déchirement ?
Et les marins perdus se courbaient sous l'orage ;

V. El Faro.

El aire empujaba las nubes en el firmamento, y la quinta voz salió de las orillas del mar:

"Sostrates Guidien contemplaba las estrellas. Iluminando los anchos lienzos de la tierra, de los cielos resplandecían en la nocturna tienda; su brillo tranquilo regocijaba el éter puro; crecían en las techumbres de la sombra; el siniestro Océano gruñía debajo de ellas; las olas y los vientos luchaban atacándose con salvaje furia; Eolo, loco, cogía por el cabello a Neptuno, embriagado, y tenían compasión los que seguían con la vista a los pobres marineros que estaban luchando con la tempestad; por todas partes les asaltaba el peligro del naufragio; el esquife, la barca, los fuertes trirremes pasaban instantes de terrible angustia, sin ver ni la más débil claridad que les indicase el puerto; el abismo, que hacía más temible la tormenta, vomitaba sobre las aterrorizadas naves todo su espanto y todos sus nubarrones; surgían bruscamente los escollos; ¿cómo escapar de ellos? Perdidos los marineros, se resignaban a sufrir la tempestad,

La mort leur laissait voir, comme un dernier mirage,
La terre s'éclipsant derrière les agrès,
Les maisons, les foyers pleins de tant de regrets,
Des fantômes d'enfants à genoux, et des rêves
De femmes se tordant les bras le long des grèves ;
On entendait crier de lamentables voix :
- Adieu, terre ! patrie, adieu ! collines, bois,
Village où je suis né, vallée où nous vécûmes !… –
Et tout s'engloutissait dans de vastes écumes,
Tout mourait ; puis le calme, ainsi que le jour naît,
Presque coupable et presque infâme, revenait ;
Le ciel, l'onde, achevaient en concert leur mêlée ;
L'hydre verte laissait luire l'hydre étoilée ;
L'océan se mettait, plein de morts, teint de sang,
À gazouiller ainsi qu'un enfant innocent ;

C'est alors que, des flots dorant les sombres cimes,
Voulant sauver l'honneur des Jupiters sublimes,
Voulant montrer l'asile aux matelots, rêvant
Dans son Alexandrie, à l'épreuve du vent,
La haute majesté d'un phare inébranlable
À la solidité des montagnes semblable,
Présent jusqu'à la fin des siècles sur la mer,
Avec du jaspe, avec du marbre, avec du fer,
Avec les durs granits taillés en tétraèdres,
Avec le roc des monts, avec le bois des cèdres,
Et le feu qu'un titan a presque osé créer,
Sostrate Gnidien me fit, pour suppléer,
Sur les eaux, dans les nuits fécondes en désastres,
À l'inutilité magnifique des astres.

y al ver cerca la muerte, como su último espejismo, la tierra se eclipsaba detrás de los aparejos y se oían en el mar estas lamentables exclamaciones:-"¡Adiós, tierra! ¡Adiós, patria, colina, bosques, aldea donde nací, valle donde fui feliz!..." Y todo se sepultaba en vastas espumas y todo moría; después la calma, lo mismo que el día, casi culpable y casi infame, volvía a aparecer, y el Océano, lleno de muertos y teñido en sangre, volvía a gorjear como un niño inocente.

Entonces, queriendo salvar el honor de los dioses, deseando enseñar los puertos a los marineros, pensando siempre en su querida Alejandría, elevó por encima de las olas, desafiando a los vientos, un faro inquebrantable, semejante en solidez a las montañas, presente en el mar hasta la consumación de los siglos; titán que se atrevió a construir Sostrates Guidien, que me edificó, para suplir, en las noches oscuras en el mar, a la inutilidad magnífica de los astros.

La isla de Rodas, de grandes riquezas naturales y excelente situación geográfica, con unos 1400 kilómetros cuadrados de superficie, se halla no lejos de la costa turca, en el mar Egeo. Sus vestigios de habitación se remontan a la época micénica (siglo XIV a. C.), siendo luego visitada también por cretenses. Sus principales ciudades –Yáliso, Camiro, Lindos– formaron con Cos, Cnido y Halicarnaso la Confederación de la Hexápolis dórica, dedicándose entre otras actividades a un próspero comercio. A finales del siglo VI a. C. cayó en poder de los persas y luego se asoció a Atenas. Los tres enclaves urbanos acordaron en el 408 a. C. fundar en el extremo septentrional de la isla una nueva ciudad, a la que dieron el nombre de la isla: Rodas.

Muy pronto ésta sobrepasó en importancia a las otras poblaciones existentes. En el año 356 a. C. pasó a poder de Mausolo de Caria, y luego hubo de someterse a Alejandro de Macedonia. Habiéndose opuesto a Antígono, el hijo de éste, Demetrio Poliorcetes, con un formidable ejército la sitió en el año 305 a. C., aunque sin lograr ningún resultado positivo.

En recuerdo de aquel sitio los rodios elevaron en una de las escolleras de su puerto una enorme estatua, construida en bronce, hierro y piedra, y la consagraron al dios Helios, casado con una hija del Océano, la ninfa Rodé, que había dado nombre a la isla. Estatua que, por su enorme colosalismo, causó muy pronto la admiración de cuantos la contemplaban, pasando así a ser considerada otra de las maravillas del mundo antiguo, y siendo especialmente elogiada por Filón de Bizancio.

Los rodios decidieron construir una estatua como agradecimiento a Helios, el dios de la isla, por haberles salvado del asedio. Dicha estatua, que debería reflejar la magnitud de la máquina atacante y el valor de los radios para imperecedero recuerdo, fue encargada poco después del 305 a. C. al artista local Cares de Lindos, discípulo del famoso escultor Lisipo.

A pesar de las referencias de varios autores clásicos, se ignora cómo fue el aspecto exterior de la estatua, que tuvo, según Plinio el Viejo y Filón de Bizancio, 31,08 metros de altura; por su parte, un cronista bizantino, Miguel el Sirio, le dio 31,67.

No hay duda de que la silueta del Coloso fue la de un hombre de pie, totalmente desnudo, portando tal vez una lanza o un arco con carcaj y flechas, y que se inspiraría en el tipo lisípico del Alejandro-Helios.

Lo que sí es cierto es que, en contra de la tan fantasiosa imaginería moderna, la estatua hubo de tener las dos piernas totalmente juntas, facilitando así una correcta estabilidad.

Otro gran interrogante que presenta el Coloso es el del proceso de su construcción, que comportaría no pocos problemas técnicos durante los doce años que duró. Al ser de una única pieza de bronce, los historiadores se han preguntado si se fundió de una sola vez o bien se hizo fragmentariamente, ensamblándose luego las correspondientes partes. Plinio el Viejo indica que el interior de la estatua estaba hueco, pero que contaba con enormes piedras a modo de lastre, así como con gruesas barras de hierro utilizadas como traviesas de sujección. Es Filón de Bizancio, sin embargo, quien ha dejado algunos datos sobre el modo en que pudo haber sido construida tal maravilla. La estatua, fijada sobre una base de mármol blanco, se levantó –dice– en diferentes etapas al modo como se levanta un edificio. Tras fundir una sección el artista echaba alrededor de ella gran cantidad de tierra, cubriendo lo realizado, para así trabajar a ras del suelo y operar de idéntico modo en la siguiente fase de fundición. Iba así subiendo poco a poco hasta alcanzar la cúspide. En la confección de la estatua, señala tal autor, se emplearon 500 talentos de bronce (unos 13.000 kilogramos) y 300 de hierro, (6.859 kilogramos).

No se dispone de ninguna descripción de cómo sería el aspecto externo del Coloso. Lo que sí es verosímil es que tuvo sus piernas y pies juntos tal como se apuntaba antes. Ello de acuerdo con la lógica reconstrucción propuesta por el arqueólogo francés A. Gabriel, excavador en los años treinta de las ruinas del Coloso, que las situó, de acuerdo con las noticias del peregrino italiano De Martoni (1394-1395), en el actual fuerte de San Nicolás, construido en 1464.

Sin embargo, desde el siglo XIII, la imaginación popular lo representó con las piernas abiertas, formando así un gigantesco arco que facilitaba el paso de los navíos hasta el puerto de Rodas. Así lo describió el belga G. Caorsin a finales del siglo XV en su *Historia de Rodas*, y así se ve en los grabados de A. Thevet (1556), que lo imagina portando lanza y espada, con un medallón en el pecho, en el cual se reflejaban los rayos solares. También lo figuró de modo parecido M. van Heemskerck (1572), haciendo del mismo la clara imagen de un faro al colocarle un tedero en su mano derecha.

El Coloso de Rodas inspiró la ejecución de otras grandiosas esculturas, entre ellas la moderna *Estatua de la Libertad*, obra del escultor francés Bartholdi, quien la realizó en 1886 para el puerto de Nueva York para conmemorar las independencias francesa y americana, y que con sus 46 metros de altura y sus 204.000 kilogramos de peso dejaba muy atrás al Coloso rodio en cuanto a dimensiones.

El Coloso de Rodas fue la maravilla antigua de más corta existencia, pues a los 66 años de su construcción un fortísimo seísmo, que tuvo lugar en el año 225 a. C. la destruyó, partiéndola a la altura de las rodillas.

VI

Et ceci dans l'espace était à peine dit
Qu'une voix du côté de Rhodes s'entendit :

- Mon nom, Lux ; ma hauteur, soixante-dix coudées ;
Ma fonction, veiller sur les mers débordées ;
Le vrai phare, c'est moi.

Rhode est sous mon orteil.
Devant la fixité de mes yeux sans sommeil,
L'hiver blanchit les monts où le milan séjourne,
Le zodiaque vaste et formidable tourne,
L'homme vit, l'océan roule, les matelots
Débarquent sur les quais les sacs et les ballots,
Le jour luit, l'ouragan s'endort ou s'exaspère,
Et, gardien de l'eau bleue en son brumeux repaire,
Sentinelle que nul ne viendra relever,
Je regarde la nuit venir, l'aube arriver,
La voile fuir, le flot hurler comme un molosse,
Avec la rêverie immense du colosse.

Ô tristes mers, l'airain c'est l'immobilité ;
L'airain, ô large gouffre à jamais agité,
C'est la victoire ; il sort de la forge géante ;
Il a Vulcain pour père, ou Lysippe, ou Cléanthe,
Ou Phidias ; il sort, fier, vivant ; après quoi,
Il monte au piédestal comme à son trône un roi,
Et s'empare du temps et de la solitude ;
Et l'airain, c'est le calme, ô vaste inquiétude.

VI. El Coloso de Rodas.

En cuanto dejó de hablar la quinta voz, se oyó la sexta por la parte de Rodas:

"Me llamo Lux; tengo de altura setenta codos; mí oficio consiste en vigilar el mar alborotado; el verdadero faro soy yo. Domino a Rodas. Ante la contemplación de mis ojos, que nunca se cierran, blanquea el invierno, la montaña donde vive el milano, el vasto y formidable Zodíaco rueda, el hombre vive, el Océano se agita, el día brilla, el huracán se duerme o se exaspera, y guardián de las aguas en su guarida, centinela que nadie vendrá a relevar, miro impasible llegar la noche, salir la aurora, huir las velas, aullar las olas, con la tranquilidad inmensa del coloso.

Tristes mares, el bronce es la inmovilidad, el bronce es la victoria; sale de la fragua como un gigante; tiene por padre a Vulcano, a Lysippo, a Cleantho o a Fidias; sale fiero y vivo, y en seguida sube a su pedestal, como un rey a su trono, y se apodera del tiempo y de la soledad.

Lui l'immuable, il fut à son heure orageux ;
Dans tes fixes écueils, dans tes rapides jeux,
Tu ne lui montres rien, ô mer, qu'il ne connaisse ;
Il t'égale en durée, il t'égale en jeunesse ;
Il a rongé la cuve ainsi que toi les ports ;
Étant le bronze, il est rocher comme tes bords,
Et flot comme ton onde, ayant été la lave.
Il est du piédestal le triomphal esclave,
Et le piédestal morne et soumis est son chien.

C'est ainsi que je fus créé comme un athlète ;
Aujourd'hui ta colère énorme me complète,
Ô mer, et je suis grand sur mon socle divin
De toute ta grandeur rongeant mes pieds en vain ;
Nu, fort, le front plongé dans un gouffre de brume,
Enveloppé de bruit et de grêle et d'écume
Et de nuits et de vents qui se heurtent entr'eux,
Je dresse mes deux bras vers l'éther ténébreux,
Comme si j'appelais à mon aide l'aurore ;
Mais il se tromperait s'il croit que je l'implore,
Le matin passager et court du jour changeant ;
Le soleil large et chaud et la lune d'argent
Pour mon sourcil profond ne sont que des fantômes ;
L'étincelle des cieux, l'étincelle des chaumes,
Étoile ou paille, sont pour moi de la lueur ;
La goutte de l'orage est ma seule sueur ;
Je ne suis jamais las ; et, sans que je me courbe,
Vainqueur, je sens frémir sous moi l'abîme fourbe.
Parfois l'aigle, évadé du désert nubien,
Au-dessus de mon front plane, et me dit : C'est bien.

Ahora es inmutable, pero antes fue tempestuoso; en tus fijos escollos, en tus rápidas asechanzas, mar, no le enseñas nada que no sepa; te iguala en duración, te iguala en juventud; royó la cuneta como tú roes los puertos; cuando es bronce, es roca como tus orillas, y cuando fue lava, corría como tus olas. Es de tu pedestal el esclavo triunfante, y el pedestal silencioso y sometido es su perro.

Soy, pues, un atleta de metal y tu cólera ¡oh mar! me completa; soy grande sobre mi zócalo divino, porque toda tu grandeza roe inútilmente mis pies. Desnudo, fuerte, viviendo en brumosa atmósfera, entre el granizo y la espuma, entre la noche y entre los vientos, levanto mis dos brazos hacia el éter tenebroso, como si pidiera socorro a la aurora; pero no es así, no deseo que brille la mañana efímera del día; que el sol caliente y la plateada luna solo son para mí fantasmas; la chispa del cielo o la chispa de la cabaña son para mí lo mismo; las gotas que me lanza el huracán son mi único sudor; no estoy cansado nunca; sin inclinarme jamás siento bajo mis pies gruñir el abismo. Algunas veces el águila que huye del desierto de la Nubia se cierne sobre mi frente;

Stable, plus que le gouffre éternel mais mobile,
Plus que les peuples, plus que l'astre, plus que l'île,
Je regarde errer l'eau, l'ombre, l'homme, et Délos ;
J'ai sous mes yeux l'amas mystérieux des flots,
Image des humains, des songes et des nombres ;
Le vaisseau convulsif passe entre mes pieds sombres ;
Le mât frissonnant bat ma cuisse ou mon genou ;
Et l'on voit s'engouffrer, fuyant l'aquilon fou,
Sous l'arc prodigieux de mes jambes ouvertes,
La flotte qui revient du fond des ondes vertes.
Ma droite élève au loin sur ma tête un flambeau ;
La tempête, vautour, le naufrage, corbeau,
Viennent autour de moi s'abattre, et mon visage
Les effraie, et devient sévère à leur passage ;
Le salut me connaît, moi le grand chandelier,
Ainsi que le chameau connaît le chamelier,
Le char Automédon et l'esquif Palinure ;
De même que la scie agrandit la rainure,
La proue en me voyant fend l'eau plus fièrement ;
Comme une fille craint son redoutable amant,
La mer au sein lascif, cette prostituée,
A peur de m'apporter quelque barque tuée ;
Et le flot, dont le pli roule un pauvre nocher,
En s'approchant de moi, tâche de le cacher ;
Je suis le dieu cherché par tout ce qui chancelle
Sur le frémissement de l'onde universelle ;
Le naufragé m'invoque en embrassant l'écueil ;
La nuit je suis cyclope, et le phare est mon œil ;
Rouge comme la peau d'un taureau qu'on écorche,
La ville semble un rêve aux lueurs de ma torche ;

más estable que el abismo eterno, que es móvil; más que los pueblos, más que los astros y más que la isla, veo pasar el agua, la sombra, al hombre y a Delos; tengo a la vista el montón misterioso de las olas; temblando el bajel, pasa por debajo de mí, y muchas veces los mástiles me rozan, y pasa, huyendo de la ferocidad del aquilón, por el arco prodigioso de mis piernas abiertas, la flota que regresa de mares apacibles. Mi mano derecha levanta sobre mi cabeza una antorcha; el buitre de la tempestad y el cuervo del naufragio vuelan a mi alrededor, pero mi rostro los asusta, y severamente los ve pasar; soy el dios a quien busca todo el que está en peligro, todo aquel a quien combate la onda universal; el náufrago me invoca al abrazar el escollo; por la noche soy cíclope, y el faro es mi ojo único; rojiza como la piel de un toro desollado, la ciudad presenta un aspecto fantástico contemplada a la claridad de mi antorcha;

Pour les marins perdus, c'est l'aurore qui point ;
Et je règne ; et le gouffre inquiet ne sait point
S'il doit japper de joie ou rugir de colère
Quand, jusqu'aux profondeurs les plus mornes, j'éclaire
L'immense tremblement de l'horizon confus.

Tais-toi, mer ! Je serai toujours ce que je fus.
Car il ne se peut pas qu'en ma sombre aventure
J'aie à combattre rien dans toute la nature
De plus fort que ton flot terrible dont je ris ;
Car il ne se peut pas, ô gouffre aux tristes cris,
Qu'après avoir fondu les briques des fournaises,
Après s'être roulé sur la pourpre des braises,
Après avoir lassé les soufflets haletants,
Mon fauve airain soit tendre aux morsures du temps ;
Que moi qui brave, roi des vagues éblouies,
Le ruissellement vaste et farouche des pluies,
Moi qui l'été, l'hiver, me dresse sans savoir
Si la bourrasque est dure et si l'orage est noir,
Qui vois l'éclair à peine, ayant pour ordinaire
D'émousser sur ma peau de bronze le tonnerre,
Je sois vaincu, détruit, aboli, ruiné,
Par l'heure, égratignure au sein blanc de Phryné ;
Que jamais rien m'ébranle, et que, parce qu'il passe
Des astres au zénith, des zéphyrs dans l'espace,
Mes muscles, enviés par le granit souvent,
Se déforment ainsi qu'une nuée au vent ;
Et qu'une vaine année arrivant acharnée,
Et rapide, et prodigue, après une autre année,
Une saison venant après une saison,

para los marineros perdidos es como la aparición de la aurora; impero y domino, y el abismo inquieto no sabe si debo ladrar de alegría o rugir de cólera cuando hasta en las profundidades más silenciosas alumbro los horizontes oscuros.

¡Cállate, mar! Seré lo que siempre fui. No es posible que vaya a combatir en la naturaleza nada tan terrible como tu oleaje, que provoca mi risa; porque no es posible que después de haber fundido los ladrillos de los hornos, después de haber sufrido el calor horrible de las brasas, mi bronce salvaje pueda conmoverse con las mordeduras del tiempo; que yo, que desafío las lluvias torrenciales; yo, que lo mismo en verano que en invierno me mantengo en pie, sin conocer si la borrasca es feroz, n i si el huracán es furioso; que apenas veo la luz de los relámpagos, que emboto en mí la voz del trueno, no es posible que yo quede vencido n i arruinado; no es posible que el tiempo me conmueva, que porque pasen astros por el zenit y céfiros por el espacio, mis músculos, que envidia el granito, se deformen, y que un año que aparezca encarnizado y rápido, después de otro año, disipe la obra magistral de Chaves, discípulo de Lysippo.

Janvier remplaçant mai dans le vague horizon,
En soufflant sur les nids et sur les fleurs, dissipe
L'ouvrage de Charès, élève de Lysippe.

Je suis là pour jamais ; lève les yeux et vois
Sur ton front le colosse, ô mer aux rudes voix !
Que m'importe ! rugis, tonne, éclabousse, gronde,
Je suis enraciné dans le crâne du monde,
Comme le mont Ossa, comme le mont Athos ;
Et la seule statue ayant deux piédestaux,
C'est moi ; je brave Hadès et je vaincrai Saturne ;
On m'a nommé Soleil, mais le bronze est nocturne ;
Vulcain forgea de l'ombre et fit l'airain ; j'ai beau
Jeter sur l'océan le frisson d'un flambeau,
J'ai beau porter au poing une flamme qui guide
L'homme, battu des mers, dans cette nuit liquide,
Autour de moi, sur l'île et sur l'eau, clair miroir,
L'aube a beau resplendir, je suis le géant noir ;
J'ai la durée obscure et lourde des ténèbres ;
Je sens l'énigme en moi liée à mes vertèbres,
Et Pan mystérieux met sa force en mes reins ;
Je vis ; les ténébreux sont aussi les sereins ;
Puissant, je suis tranquille ;
Et, tant qu'il coulera des jours des mains du temps,
Tant que poussera l'herbe et tant que vivra l'homme,
Tant que les chars pesants et les bêtes de somme
Devant la mer qui vient, s'enfle, approche et recule,
Devant l'astre, devant le pâle crépuscule,
Sembleront au passant vers ces rochers venu
Le grand X de la nuit debout dans l'inconnu.

Temible mar, estoy aquí para siempre; eleva hasta mí tus ojos y mira sobre ti al coloso; ruge, truena, salpica, destroza, que todo eso nada me importa; estoy arraigado en el cráneo del mundo como el monte Ossa, como el monte Athos, y la única estatua que tiene dos pedestales es la mía; desafío a Hades y venceré a Saturno; Vulcano forjó la sombra y de ella hizo el metal; por eso lanzo en el Océano el resplandor de mi antorcha; por eso llevo en la mano una llama que guía al hombre a quien combate la cólera del mar. Alrededor de mí, en la isla y en el claro espejo del agua, dejo que resplandezca la aurora; yo soy un gigante oscuro, que estoy dotado de la pesadez y duración de las tinieblas; el misterioso Pan traspasa su fuerza a mis miembros y vivo serena y tenebrosamente; como soy poderoso, estoy tranquilo; como soy coloso, los siglos para mí solo son instantes, y mientras se deslicen los días de la mano del tiempo, mientras brote la yerba y mientras viva el hombre, mis dos pies separados y mis dos brazos levantados ante el mar, que se hincha, se aproxima hasta mí y retrocede, ante el astro, ante los crepúsculos y ante las noches, aparecerán a la vista de los que se dirigen hacia estas rocas como la gran X de la noche, colocada de pie en lo desconocido.

Развалины Астра.

78

Como ha afirmado algún egiptólogo, la construcción de las pirámides fue un fenómeno arquitectónico que, en Egipto, significó el apogeo de un largo proceso relacionado con los edificios funerarios, reservados a reyes y reinas. Dicho proceso cristalizaría en los magníficos ejemplares edificados por algunos monarcas de la IV Dinastía en Guiza (Guizeht), una meseta de caliza sobre la orilla occidental del Nilo.

El nombre pirámide proviene del griego *pyramis*, vocablo con el cual se designaba un sabroso pastel de trigo, que adoptaba más o menos tal forma geométrica.

Arquitectónicamente, las pirámides arrancaban de las *mastabas*, sencillas tumbas de ladrillo o de piedra, en forma de banquetas, cuya superposición originaría las pirámides escalonadas, siendo la más famosa la que Tosortro (Djeser), el fundador de la III Dinastía (2686 a. C.), mandó levantar en Saqqara a su arquitecto Imutes (Imhotep). Este tipo de construcción, al revestir los primeros cuerpos escalonados, originó la pirámide escalonada de pendiente continua, siendo el mejor ejemplo la que edificó el primer rey de la IV Dinastía, Esnofru, en Meidum, a unos 19 kilómetros al sur de Saqqara. A este mismo rey le perteneció otra pirámide, construida al mismo tiempo que la anterior, según la teoría de Mendelssohn, y que levantó en Dahshur, conocida como pirámide romboidal, tipo de construcción caracterizada por los ángulos de sus pendientes.

Culminación de todos estos tipos fueron las magníficas pirámides regulares que Quéope (Khéops), Quefrén (Khefren) y Micerino edificarón en Guiza, consideradas muy pronto –en concreto la de Quéope– como la primera Maravilla del mundo.

En la meseta de Guiza que perteneció desde tiempos del Imperio Antiguo hasta la Época Baja al nomo de la Muralla Blanca, se levantaron las tres pirámides egipcias más importantes.

Aunque de ellas los autores griegos, latinos, árabes y algunos viajeros occidentales dieron cumplidas referencias, la zona comenzó a ser excavada sólo a partir de la primera mitad del siglo XIX.

Fue durante la IV Dinastía cuando se construyeron en Guiza principalísimos monumentos funerarios, tanto reales como privados. En uno de los mejores emplazamientos de la meseta, Quéope (2650 a. C.) ordenó a su primo y visir Hemón edificar su pirámide, que fue denominada El Horizonte de Quéope, y que se concluyó al cabo de veintitrés años.

En la actualidad, del Templo Alto, cuya planimetría es conocida, situado cerca de su cara oriental, únicamente subsiste parte de su enlosado; de la calzada o avenida con que contó, de muros decorados con relieves y con túnel transversal en un sector, casi nada se conserva. El Templo Bajo es totalmente desconocido, dado que se halla hoy bajo la aglomeración urbana de Nazlet el-Samman.

Junto a la cara oriental, tres pequeñas pirámides pertenecieron a otras tantas reinas, habiéndose atribuido la más meridional a Henutsen, hija –¿o esposa?– de Quéope. Por sus lados sur y este existen cinco fosas destinadas en su día a contener otras tantas barcas solares. En una de ellas, el arqueólogo egipcio Kamal al-Mallakh descubrió en 1954 los elementos desmontados de una barca de madera.

En sus cercanías, por sus lados oeste y este, se situaron dos necrópolis de mastabas, distribuidas en una planimetría trazada a cordel. En la occidental hay que destacar la tumba de Hemyumu, visir del rey; en la del lado opuesto, la de Hetepheres, madre de Quéope.

Las dimensiones de la pirámide de Quéope, que se orienta según los puntos cardinales, son realmente excepcionales. Su base, que cubre una superficie de 54.000 metros cuadrados, tiene de lado 440 codos egipcios, que equivale a 230,12 metros; su altura fue de 280 codos, esto es, 146,44 metros, de los que faltan los nueve superiores. Sus paredes presentan una inclinación de 51° 50'35"; su volumen alcanza los 2.521.000 metros cúbicos.

Esta enorme masa de bloques de piedra, cada uno con un peso medio de unas dos toneladas (algunos llegan hasta las 16), muy pronto comenzó a ser reutilizada como cantera. Ya de tiempos de Amenemhat I (2000-1970 a. C.) se tienen noticias de su aprovechamiento, que llegó al máximo en la Edad Media, al usar sistemáticamente las piedras de las pirámides para construir edificios en El Cairo.

Junto al Templo del Valle de esta pirámide se yergue la fantástica y famosísima Esfinge de Guiza (Abu el-Haul = el Padre del terror). Tallada en la roca natural, fue considerada durante muchísimo tiempo como símbolo de las grandes preguntas sin respuesta posible. Sin duda hubo de ser representación de Quefrén o más probablemente de un mítico animal relacionado con el dios sol Atum, al que se asimilaba el soberano difunto.

Et, comme dans un chœur les strophes s'accélèrent,
Toutes ces voix dans l'ombre obscure se mêlèrent.
Les jardins de Bélus répétèrent : – Les jours
Nous versent les rayons, les parfums, les amours ;
Le printemps immortel, c'est nous, nous seuls ; nous sommes
La joie épanouie en roses sur les hommes. –
Le mausolée altier dit : – Je suis la douleur ;
Je suis le marbre, auguste en sa sainte pâleur ;
Cieux ! je suis le grand trône et le grand mausolée ;
Contemplez-moi. Je pleure une larme étoilée.
– La sagesse, c'est moi, dit le phare marin ;
– Je suis la force, dit le colosse d'airain ;
Et l'olympien dit : – Moi, je suis la puissance.
Et le temple d'Éphèse, autel que l'âme encense,
Fronton qu'adore l'art, dit : - Je suis la beauté.
– Et moi, cria Chéops, je suis l'éternité.

Et je vis, à travers le crépuscule humide,
Apparaître la haute et sombre pyramide.

Superposant au fond des espaces béants
Les mille angles confus de ses degrés géants,
Elle se dressait, blême et terrible, étagée
De plus de plis brumeux que l'âpre mer Égée,
Et sur ses flots, jamais par le vent secoués,
Avait au lieu d'esquifs les siècles échoués.
Elle était là, montagne humaine ; et sa stature,
Monstrueuse, donnait du trouble à la nature ;

VII. Las pirámides.

Como en un coro en el que se aceleran las estrofas, todas las voces se confundieron en la oscuridad de la sombra. Los jardines de Belo repitieron: –"El tiempo vierte sobre nosotros rayos luminosos, amores y perfumes; somos la primavera inmortal". El altivo mausoleo exclamaba: –"Soy el dolor representado por la augusta palidez del mármol; contempladme, que lloro y mis lágrimas son estrellas". –"Yo soy la sabiduría", decía el faro marino.-"Yo soy la fuerza", replicaba el coloso de bronce. El Olímpico exclamaba: –"Yo soy el poder". El templo de Éfeso, altar que el corazón inciensa, frontón que el arte adora, repuso: –"Yo soy la belleza". –"Y yo, replicó Cheops, soy la eternidad". Al través del húmedo crepúsculo vi aparecer la altísima pirámide.

Superponiendo en el fondo de los espacios los mil ángulos confusos de su gigantesco graderío, se levantaba pálida y terrible, formando más brumosos pliegues que el áspero mar Egeo, y en sus olas, que nunca sacuden los vientos, en vez de encallar esquifes encallaban los siglos. Se erguía esa montaña humana con su estatura monstruosa y asombraba a toda la naturaleza;

Son vaste cône d'ombre éclipsait l'horizon ;
Les troupeaux des vapeurs lui laissaient leur toison ;
Le désert sous sa base était comme une table ;
Elle montait aux cieux, escalier redoutable
D'on ne sait quelle entrée étrange de la nuit ;
Son bloc fatal semblait de ténèbres construit ;
Derrière elle, au milieu des palmiers et des sables,
On en voyait surgir deux autres, formidables ;
Mais, comme les coteaux devant le Pélion,
Comme les lionceaux à côté du lion,
Elles restaient en bas, et ces deux pyramides
Semblaient près de Chéops petites et timides ;
Au-dessus de Chéops planaient, allant, venant,
Jetant parfois de l'ombre à tout un continent,
Des aigles effrayants ayant la forme humaine ;
Et des foules sans nom éparses dans la plaine,
Dans de vagues cités dont on voyait les tours,
S'écriaient, chaque fois qu'un de ces noirs vautours
Passait, hérissé, fauve et sanglant, dans la bise :
- Voilà Cyrus ! Voilà Rhamsès ! Voilà Cambyse ! –
Et ces spectres ailés secouaient dans les airs
Des lambeaux flamboyants de lumière et d'éclairs,
Comme si, dans les cieux, faisant à Dieu la guerre,
Ils avaient arraché des haillons au tonnerre.
Chéops les regardait passer sans s'émouvoir.
Un brouillard la cachait tout en la laissant voir ;
L'obscure histoire était sur ses marches gravée ;
Les sphinx dans ses caveaux déposaient leur couvée ;
Les ans fuyaient, les vents soufflaient ; le monument
Méditait, immobile et triste, et, par moment,

su vasto cono de sombra eclipsaba el horizonte; los rebaños de los vapores le dejaban sus copos de lana; el desierto, bajo su base, era como una mesa; ascendía hacia el cielo como temible escalera de no sé qué extraña entrada de la noche; parecía que las tinieblas habían construido su bloque fatal; detrás de ella, en las arenas, entre las palmeras, se veían surgir otras dos formidables; pero como colinas ante el Pelion, como los cachorros al lado del león, eran mucho más bajas; aquellas dos pirámides parecían pequeñas comparadas con Cheops; por encima de ésta cerníanse, yendo y viniendo, águilas terribles que tenían la forma humana; y gentes sin nombre, esparcidas en la llanura y por las ciudades, cuyos contornos se distinguían de lejos, cada vez que veían alguna de esas salvajes águilas exclamaban: –"¡Es Ciro! ¡es Rhamsós! ¡es Cambyses!" Y aquellos espectros alados sacudían en los aires pedazos llameantes de relámpagos, como si en el cielo hiciesen la guerra a Dios. Cheops los veía pasar sin conmoverse. La niebla la cubría, pero la dejaba ver; la oscura historia estaba grabada en su graderío; en sus cavernas las esfinges depositaban sus polladas. Los años huían, los vientos soplaban; el monumento, inmóvil y triste, meditaba, y había momentos

Toute l'humanité, comme une fourmilière,
Satrape au sceptre d'or, prêtre au thyrse de lierre,
Rois, peuples, légions, combats, trônes croulants,
Était subitement visible sur ses flancs
Dans quelque déchirure immense des nuées.
Tout flottait sur sa base en ombres dénouées ;
Et Chéops répéta : – Je suis l'éternité.

Ainsi parlent, le soir, dans la molle clarté,
Ces monuments, les sept étonnements de l'homme.

La nuit vient, et s'étend d'Elinunte à Sodome,
Ouvrant son aile où vont s'endormir tour à tour
L'onde avec son rocher, la ville avec sa tour ;
Elle élargit sa brume où le silence pèse ;
Les voix et les rumeurs expirent ; tout s'apaise,
Tout bruit s'éteint, à Rhode, en Élide, au Delta,
Tout cesse.
Alors le ver du sépulcre chanta :

Je suis le ver. Je suis fange et cendre. Ô ténèbres,
Je règne. Monuments, entassements célèbres,
Panthéons, Rhamséïons,
Façades de l'immense orgueil humain, si fières,
Que l'homme devant vous doute s'il voit des pierres
Ou s'il voit des rayons,

Sanctuaires chargés d'astres et d'empyrées,
Splendides profondeurs de colonnes dorées,
Vaste enceinte d'Assur,

en que de súbito era visible en él toda la humanidad; el sátrapa con el cetro de oro, el sacerdote con el tirso de hiedra; reyes, pueblos, legiones, combates, tronos derrumbados, todo eso flotaba sobre su oscura base, y Cheops repetía:-"¡Yo soy la eternidad!"

Así hablaron, al atardecer, los siete monumentos que en la lengua humana se llaman maravillas.

Llegó la noche y extendió su oscuridad desde Elinunte hasta Sodoma, y todo se durmió en la naturaleza; las ondas alrededor de las rocas, las ciudades con sus campanarios; espiraron todas las voces y todos los rumores y cesaron todos los ruidos en Rodas, en Elide y en Delta.

Entonces el gusano del sepulcro cantó:

"Soy el gusano; soy fango y ceniza. Reino en las tinieblas. Monumentos célebres, fachadas portentosas, en las que se refleja el orgullo humano, que vanagloriáis tanto al hombre, que al contemplaros duda si está mirando piedras o está viendo rayos;

Santuarios sobrecargados de estrellas y de empíreos, espléndidas y doradas columnas, vasto recinto de Assur,

Mur où Nemrod cloua l'hippanthrope Phœanthe,
Et dont la ronde tour, sous les oiseaux béante,
Leur semble un puits obscur,

Terrasses de Theglath, avec vos avenues
Augustes par deux rangs de sphinx aux gorges nues,
Cirque d'Anthrops-le-Noir
Si beau que, résistant à l'heure qui s'arrête,
Les chevaux du soleil, cabrés, baissent la tête
Pour tâcher de te voir !
Jardins, frontons ailés aux larges envergures,
Portiques, piédestaux qui portez des figures
Au geste souverain,
Et qui, du haut des caps que votre masse encombre,
Ajoutez à la mer vaste et sinistre l'ombre
Des déesses d'airain,

Acropole où l'on vient des confins de la terre,
Tour du Bœuf, où Jason, raillant le Sagittaire,
Vint sonner du buccin,
Qui fais aux voyageurs, vains comme les abeilles
Et vivants par leurs yeux avides de merveilles,
Braver le Pont-Euxin,

Chéops bâtie avec un art épouvantable,
Si terrible qu'à l'heure où, couché dans l'étable,
Le chien n'ose gronder,
Sirius, devant qui toute étoile s'efface,
Est forcé de tourner vers toi sa sombre face
Et de te regarder !

muralla en la que Nemrod clavó al hippánthropo Phaantho, y cuya redonda torre a los pájaros que desean beber les parece oscuro pozo;

Terrazas de Theglath, que sois augustas por vuestras dos filas de esfinges con gargantas desnudas; circo de Anthrops el Negro, que eres tan magnífico que los caballos del sol bajan la cabeza por ver si consiguen verte; jardines, frontones alados de vasta envergadura, pórticos, pedestales que solo conseguís poner un poco más alto sustentáis figuras de expresión soberana, mi montón de podredumbre y hacer más y que en nuestras cimas, saliendo de la oscuridad de vuestros muros, ostentáis diosas de bronce;

Acrópolis, que acuden a admirar de todos los puntos del globo; torre del Buey, en la que Jasón, burlándose del Sagitario, hace sonar su caracol, que consigue que los viajeros, deseando con ahínco y con avidez ver maravillas, se atrevan a desafiar el Ponto-Euxinio;

Cheops, edificada con arte maravilloso, tan digna de verse a la hora en que el perro acostado en el establo no se atreve a gruñir y en que Sirius, que oscurece a todas las demás estrellas, se ve obligado a volver hacia ti la faz y a contemplarte;

Édifices ! montez, et montez davantage.
Superposez l'étage et l'étage à l'étage,
Et le dôme aux cités ;
Montez ; sous votre base écrasez les campagnes ;
Plus haut que les forêts, plus haut que les montagnes,
Montez, montez, montez !

Soyez comme Babel, âpre, indignée, austère,
Cette tour qui voudrait échapper à la terre,
Et qui dans les cieux fuit.
Montez. À l'archivolte ajoutez l'architrave.
Encor ! encor ! Mettez le palais sur la cave,
Le néant sur la nuit !

Montez dans le nuage, étant de la fumée !
Montez, toi sur l'Égypte, et toi sur l'Idumée,
Toi, sur le mont Caspé !
Pleurez avec le deuil, chantez avec la noce.
Va noircir le zénith, flamme que le colosse
Tient dans son poing crispé.
Ne vous arrêtez pas. Montez ! montez encore !
Moi je rampe, et j'attends. Du couchant, de l'aurore,
Et du sud et du nord,
Tout vient à moi, le fait, l'être, la chose triste,
La chose heureuse ; et seul je vis, et seul j'existe,
Puisque je suis la mort.

La ruine est promise à tout ce qui s'élève.
Vous ne faites, palais qui croissez comme un rêve,
Frontons au dur ciment,

Edificios maravillosos, ascended a mayor altura; super-poned piso sobre piso y cúpulas sobre las ciudades; ascen-ded más todavía; con vuestras bases aplastad los campos; subid más altos que los bosques, más altos que las mon-tañas.

Formad una segunda Babel; imitad a aquella altísima torre, que trataba de escaparse del mundo y de huir al cielo. Subid. Sobre la archivolta poned el arquitrabe; subid más aun; fundad el palacio sobre la cueva y la nada sobre la noche.

Subid hasta las nubes, ya que solo sois humo; sobre todos, tú, Egipto, y tú, Idumea, ascended sobre el monte Caspe; llorad con los duelos, cantad con las bodas. Va a ennegrecerse el zenit, esa llama que el coloso encierra en su crispado puño.

Subid todavía más, subid sin deteneros; yo me arrastro y espero. Por el Poniente y por la aurora, por el Sur y por el Norte, todo llega hasta mí; el hecho, el ser, lo triste, lo ale-gre, y yo solo vivo y yo solo existo, porque yo soy la muer-te.

Todo lo que se eleva tiene que caer en ruinas; palacios que crecéis fantásticamente, frontones de duros cimientos,

Que mettre un peu plus haut mon tas de nourriture,
Et que rendre plus grand, par plus d'architecture,
Le sombre écroulement.

solo conseguís poner un poco más alto mi montón de podredumbre y hacer más grandioso y más artístico vuestro sombrío hundimiento.

Guy de Maupassant:
Zola, el revolucionario

Stefan Zweig:
Marceline Desbordes-Valmore

Aldous Huxley:
La vulgaridad en literatura

Ramón Gómez de la Serna:
Baudelaire, el desgarrado

Vladimir Maiakovski:
El baño, drama en seis actos

Émile Zola:
Victor Hugo

Yevgueni Zamiatin:
La pulga, juego cómico en cuatro actos

Carmen Berná Jiménez:
Los locos de Galdós

G. K. Chesterton:
Magia, una comedia fantástica

Vladimir Maiakovski:
La chinche, una comedia de magia

Charles Baudelaire:
Edgar Allan Poe

Théophile Gautier:
Balzac, genio de la observación

Paul Verlaine:
Quince días en Holanda